Unger

Endlich ehrlich zu mir selbst

Oliver Unger

Endlich
ehrlich zu
mir selbst

Den Ballast erdrückender Glaubenssätze abwerfen
und wieder authentisch leben

WINDPFERD

1. Auflage 2009
© 2008 Windpferd Verlagsgesellschaft mbH, Oberstdorf
www.windpferd.de
Alle Rechte vorbehalten
Umschlaggestaltung: Kuhn Communication Design, CH-Amden
unter Verwendung einer Illustration von Frank Keller
Lektorat: Georg Patzer
Layout: Marx Grafik & ArtWork
Gesetzt aus der Adobe Garamond
Gesamtherstellung: Schneelöwe Verlagsberatung & Verlag, Oberstdorf
Gedruckt auf säurefreiem, chlorfrei gebleichtem Papier
Printed in Germany · ISBN 978-3-89385-584-1

Danksagung

♣

Ich danke allen Menschen,
die mir bis hierher begegnet sind –
vor allem meinen Kunden, Klienten und Lehrern,
die durch ihre Art zu sein mein Schaffen inspiriert haben.
Besonderer Dank gilt meinen Eltern Margit und Bernd
Hoffmann, ohne die das Leben auf diesem Planeten
nicht möglich gewesen wäre.

Inhalt

Teil 1

Du bist richtig, da wo du bist

Authentizität ist der Schlüssel

Der Mensch ist wie ein Baum im Wald. Es gibt viele verschiedene Baumarten – Eichen, Buchen, Tannen. Und so gibt es auch viele „Arten" Mensch – man kann sie zusammenfassen, z. B. anhand ihres Charakters.

Jeder Mensch steht an einem bestimmten Punkt im Beziehungsgeflecht mit anderen Menschen, so wie jeder Baum an einem bestimmten Platz steht. Ein paar Bäume stehen dicht beieinander, andere sind weiter voneinander entfernt. Es gibt grüne Wälder mit dichtem Baumbestand und lichte Flächen mit wenigen Bäumen. Jeder Mensch ist einzigartig in seiner Größe und Gestalt, so wie sich auch zwei Birken zwar gleichen, aber nicht gleich sind.

In ihrer Gesamtheit bilden die vielen verschiedenen Bäume den Wald. Die Fülle und Vielfalt der Menschen macht unser Leben zu dem, was es ist. Dabei steht jeder da, wo er gerade steht, genau richtig. Egal an welchem Punkt das sein mag.

Bestimmt hast du dich schon einmal gefragt: „Was ist der Sinn des Lebens?" Oder du ahnst, dass es mehr geben muss als Arbeit, Eigenheim und Geld. Für dich ist dieses Buch. Es geht darin um Authentizität, um Wahrhaftigkeit, direktes, aufrichtiges Sein. Ich will mit diesem Buch meine Erfahrungen teilen. In der Authentizität liegt eine ungeheure Kraft, die in meinem Leben wirkt. Ich erzähle davon, was diese Kraft in mir bewegt und verändert hat. Für mich ganz persönlich liegt in ihr die Antwort auf die Frage nach dem Lebenssinn. Natürlich müssen wir arbeiten, uns um den Haushalt kümmern, wollen verreisen und schöne Kleider tragen – aber erschließt mir das die Tür zu meinem inneren Reichtum, meinem inneren Glück? Authentizität ist für mich der Schlüssel.

Ich habe das, was du hier lesen kannst, lange in mir getragen, es immer wieder hinterfragt, es selbst ausprobiert und angewendet und so auf Stimmigkeit und Alltagstauglichkeit geprüft. Wie ich dazu überhaupt kam, erzähle ich in meinem Nachwort: vom Friseurdasein über Kommunikationstheorien und Reiki bis zu meinem heutigen Weg, der noch lange nicht abgeschlossen ist. Irgendwann aber war es reif, ich musste es aufschreiben. Vielleicht fragst du dich, warum ich über etwas schreibe, das doch erlebt, erfahren und gefühlt werden muss. Wie kann man Wahrhaftigkeit beschreiben? Die Beispiele und Übungen in diesem Buch sind eine Einladung an dich, innezuhalten. Die beschriebenen Situationen sollen einen Bezug zu deinem Leben herstellen, und du hast die Möglichkeit, immer wieder selbst auszuprobieren.

Wenn ich im Folgenden von „innerem Empfinden", „innerer Weisheit", „Mitte", „Echtheit" und so weiter spreche, dann meine ich im Grunde immer dasselbe: Authentizität. Für mich deckt dieses Wort das ganze Spektrum ab von „ungeschminkter Wahrheit" über „Ehrlichkeit" zu „Wahrhaftigkeit". Es beschreibt einen Weg, sein Leben zu gestalten, sich mitzuteilen und zu handeln.

Wenn du beim Lesen dieses Buches den Eindruck gewinnst, dass ich mich wiederhole, dass ich auf immer andere Art das Gleiche sage, dann hast du Recht. Ich schreibe die ganze Zeit immer wieder neu über das Gleiche. Und das aus folgendem Grund: Das, was ein Mensch erlebt hat – seine Vergangenheit – prägt den Verstand und erzeugt bestimmte Filter. Neue Informationen gelangen immer nur gefiltert zu uns. Die Wahrscheinlichkeit, dass das, was ich hier beschreibe – Authentizität – tatsächlich in das Bewusstsein gelangt, erhöht sich durch die Wiederholung und den Versuch, immer neue Zugänge zu finden. Ich will dich erreichen, deine tiefen Schichten von Widerstand und Verständnisschwierigkeiten überwinden. Ich will zum tiefen Kern deiner Seele durchdringen, zu deiner wahren Natur. Denn hier weißt du genau, wovon ich schreibe. Hier hörst du ein „Ja, das stimmt, was ich lese", wenn die Worte dich erreichen.

Alles, was du brauchst, ist Offenheit und Neugier für dich selbst und für die Menschen um dich herum. Diese Menschen sind nicht einfach nur deine Vorgesetzten, Kollegen, Nachbarn, Freunde, deine Frau oder dein Mann. Sie sind auch ein Teil des „Göttlichen in uns". Jeder Mensch ist auf seine ganz besondere Art ein Ausdruck des Lebens. Leben ist Energie, diese Energie formt Elektronen, Protonen und Neutronen, die sich zu Atomen zusammenfinden. Diese wiederum bilden die Moleküle unserer Zellen, aus denen unser Körper geformt wird. Leben ist der Künstler, der das Kunstwerk Mensch erschafft – jeder ein einzigartiges Exemplar.

Ich lade dich ein, die Menschen und ihr Verhalten, wie ich sie hier beschreibe, wie Kunstwerke zu betrachten. Mag sein, dass dir nicht jedes davon gefällt, aber das ist dir bei einem Bild oder einer Skulptur gewiss auch schon passiert. Das heißt aber nicht, dass das Leben bei ihrer Erschaffung nicht seine ganze Liebe und Zeit investiert hätte. Das Leben liebt alles, so wie ein Künstler all seine Werke liebt.

Das Leben mit seiner bedingungslosen Liebe fließt durch dich, pulsiert in deinen Adern. Beim Lesen und vor allem, wenn du die Übungen ausprobierst, hast du eine wunderbare Gelegenheit, mit dem Teil deiner Seele Kontakt aufzunehmen, der die Liebe des Lebens zu all seinen Erscheinungsformen spürt.

Wenn es einen Platz in deinem Körper gäbe, wo du die Liebe zu allen Lebewesen spüren könntest, wo wäre er? In deinen Händen? Den Füßen? Im Bauch? In deinem Brustkorb? Manchmal kommt die Antwort nicht sofort, das macht nichts. Warte nicht darauf. Sie kommt von allein. Wenn du mit dieser inneren Haltung, mit diesem Gefühl weiterliest, wird es dir sehr nützlich sein.

Authentizität spielt in vielen Bereichen eine Rolle, vor allem aber im Kontakt mit Anderen. Die Beispiele in diesem Buch beziehen sich überwiegend auf Gesprächssituationen. Kontakt kann aber auch nonverbal geschehen: wenn man sich in die Augen sieht, sich in den Arm nimmt, gemeinsam meditiert oder mit anderen an der Kasse im Supermarkt ansteht. Zum nonverbalen Kontakt gehört auch das Auftreten einer Person, ihr Aussehen, ihr Erscheinungsbild. Authentisch sein meint hier: Zufrieden sein mit dem, was man ist, wie man aussieht, was einen ausmacht, und es als das anzuerkennen, was es ist. Oder andersherum: Unauthentisch wirst du, wenn du anders sein möchtest als du bist.

Wahrhaftigkeit ist absolut. Entweder du bist authentisch oder du bist es nicht. Alles, was nicht authentisch ist, ist nicht authentisch – es gibt keinen Mittelweg, keine Schleichpfade. Die Tür ist offen oder zu. Ist sie offen, kommen hinter dieser ersten Tür womöglich noch weitere Türen, von denen wir nicht wissen, ob sie offen oder zu sind. Ist jedoch schon diese erste Tür verschlossen, können wir nicht sehen, was sich hinter ihr verbirgt.

Wenn ich vom „Handeln aus der Mitte", „Authentizität", „Echtheit" usw. schreibe, sind immer alle Bereiche gemeint – die verbalen und die nonverbalen. Die Kraft der Wahrhaftigkeit wirkt in allen Feldern der Ausdrucksmöglichkeit.

Die ersten beiden Teile des Buches dienen dem Verständnis von Authentizität. Teil eins beschreibt die Ursachen für unauthentisches Verhalten, ich gehe auf Glaubenssysteme und verinnerlichte Glaubenssätze ein. Falls du dich mit diesem Thema bereits beschäftigt hast, kannst du diesen Teil auch einfach nur zur Auffrischung überfliegen und dich kurz mit meiner Sichtweise vertraut machen. Teil zwei beschreibt, was Wahrhaftigkeit ausmacht und wie du sie erreichen kannst. Wichtig ist: Jeder kann sie erreichen. Du brauchst keine Vorbildung oder besondere Fähigkeiten. Teil drei ist ein Praxisteil. Hier geht es ganz konkret um die Dinge, auf die du stoßen wirst, wenn du an deiner Wahrhaftigkeit arbeitest. Wie in den beiden ersten Teilen gibt es auch hier einige Übungen. Du bist herzlich eingeladen, sie auszuprobieren und deine Erfahrungen zu machen. Denn Wahrhaftigkeit kann man nicht erdenken, man muss sie erfahren. Oft wird man dabei auf Sachen stoßen, an die man nie gedacht hätte. Du kannst nicht wissen, welche Erfahrung du in Zukunft machen wirst.

Was verändert Authentizität
in deinem Leben?

Ist das richtige Frage für den Einstieg? Oder fasst die Antwort nicht eher alle Kapitel zusammen? Ist es gut, von Anfang an zu wissen, was dieses Buch für dich und dein Leben leisten kann? Oder verwirrt es nicht vielmehr, über einen möglichen Nutzen nachzudenken, bevor man überhaupt weiß, worum es geht? Ist es sinnvoller, den Leser erstmal die eine oder andere Übung ausprobieren zu lassen, um verständlicher zu machen, worauf ich hinaus will? Diese Fragen beschäftigten mich lange. Und dann, das Manuskript war fast fertig, nur dieses Kapitel fehlte noch, war die Antwort ganz klar: Genau hier, an der Stelle, an der du jetzt liest, will ich über den Sinn von Authentizität schreiben. Denn es ist nicht wichtig, ob du jetzt gleich alles verstehst oder mit mir einer Meinung bist. Hab Mut, dich auszuprobieren. Entwickle ein Gefühl dafür, wer du wirklich bist. Was macht dich aus? Ein Klient, ebenfalls Therapeut, der zur Supervision zu mir kam, fragte einmal in einer Sitzung nach dem Sinn von Gefühlen, Wahrhaftigkeit, der Suche nach der eigenen Mitte. Ich musste zunächst schlucken. Ich hatte keine Antwort parat. Jedenfalls keine vernünftige, logische. Heute weiß ich, dass das ganz normal ist, denn mit dem Verstand sucht man nicht nach Wahrhaftigkeit oder Mitte. Dem Verstand geht es um Bestätigung und Macht. Die Antwort kam nach einer Weile aus meiner Erfahrung. Sie beschreibt, was Wahrhaftigkeit in meinem Leben verändert hat und auch in deinem verändern kann:

Sie verbindet dich mit deiner Kraft. Du wirst krisenfest und bist in der Lage, auch in schwierigen Situationen so zu handeln, dass es produktiv und konstruktiv ist.

Authentizität bewirkt, dass du auf Menschen triffst, die für dich und dein Lebensglück entscheidend und wichtig sind. Derzeit gibt es noch keine wissenschaftliche Erklärung für dieses Phänomen, aber es gibt verschiedene spirituelle Erklärungsmodelle (du findest sie in der entsprechenden Literatur). Ein Ansatz ist die Theorie, dass die Verbindung mit der eigenen Mitte das Hara stärkt, dein Energiezentrum unterhalb des Bauchnabels im Bauchraum. Das Hara wiederum zieht die Menschen an, die gut für dich sind; du findest Freunde, mit denen du ungeahnte Tiefe in der Freundschaft erlebst, verliebst dich in jemanden, der dir gut tut.

Die Mitte ist dein Zentrum, von hier aus kannst du das Leben gleichzeitig beobachten und daran teilnehmen. Das bedeutet, dass du z. B. hinter die Fassade von Menschen blicken kannst. Du lässt dich nicht durch Vorwände oder Schein täuschen. Du behältst in schwierigen Situationen den Überblick und triffst ins Schwarze, wenn du etwas sagst – und das ganz mühelos.

Aus der Mitte heraus ist das Leben intensiv, angefüllt und lehrreich. Du fühlst, dass es sich lohnt zu leben. Du genießt. Es ist das Ende des Leidens. Aus der Mitte erlebt, ist dein Gefühlsleben gleichmäßig pulsierend. Es fühlt sich gut an, egal ob du lachst oder weinst.

Hast du schon einmal erlebt, wie es sich anfühlt, ganz authentisch aus der Mitte heraus zu handeln? Wie wäre es, wenn du immer so agieren könntest? Diese Wahlfreiheit zu haben? Glaubst du nicht auch, dass es sich lohnt, danach zu greifen? Lass uns gemeinsam auf die Reise gehen!

„Ich muss perfekt sein,
sonst ..."-Glaubenssätze

In diesem ersten Teil des Buches erkläre ich den Unterschied zwischen wahrhaftigem, echtem, aufrechtem Handeln und dem Gegenteil davon. Zu diesem Gegenteil gehören Glaubenssätze oder Glaubenssysteme, sie sind die Ursache für unauthentisches Handeln. Sie entfernen uns von unserer Mitte, unserer inneren Wahrheit.

Ich liefere keine wissenschaftliche Erklärung, keine Definition zum Auswendiglernen. Vielmehr zeige ich die verschiedenen Aspekte von Glaubenssätzen, die sich zu einem Gesamtbild fügen werden. Falls das Thema neu für dich ist, bist du eingeladen, dieses Kapitel mehrmals zu lesen. Keine Sorge, wenn du anfangs etwas nicht ganz verstehst. Etwas Neues zu lernen braucht Zeit und einige Wiederholungen, vor allem wenn es sich um abstrakte Themen handelt.

Wissenschaftlich betrachtet umfasst der Begriff „Glaubenssatz" verschiedene Teilbereiche, wie Projektionen: Nahezu jeden Tag fällst du auf den einen oder anderen Glaubenssatz rein und projizierst.

Stell dir vor, du verrichtest deine alltägliche Arbeit. Vielleicht hattest du auch schon einmal das Gefühl, dass dein Chef einen komischen Blick aufgesetzt hat, während du arbeitest. Du denkst: „Der ist bestimmt nicht zufrieden mit meiner Leistung." Als du ihn fragst, antwortet er aber: „Ich bin sehr zufrieden mit Ihnen. Ich war nur die letzten Tag sehr in Gedanken." Du hast also deine Gedanken sozusagen zu seinen gemacht. Ein Glaubenssatz in dir selbst sagte: „Meine Leistung ist nicht gut genug." und das hast du auf deinen Chef projiziert.

Der Begriff „Glaubenssatz" hat sich allerdings trotz seiner gelegentlichen Ungenauigkeit schon im populären Sprachgebrauch durchgesetzt, und daher, werde ich ihn in diesem und dem folgendem Kapitel verwenden. Um ein Verständnis für das Thema zu entwickeln, ist eine exakte wissenschaftliche Zuordnung auch nicht wichtig. Hilfreich ist es vielmehr, wenn du dich selbst fragst, was davon du von dir selbst oder anderen kennst. Wo hast du diese Dinge schon einmal beobachten können?

Der Wortbestandteil „Glauben" meint kein religiöses Glauben, sondern eher ein „Meinen" wie in dem Satz: „Ich glaube, ich bin zu schnell gefahren und geblitzt worden."

Ich erläutere den Begriff gleich genauer, vorher aber lade ich dich zu einem kleinen Experiment ein:

Denk an Filme, die du gesehen hast. Wie ging es dir, wenn ein Film von Liebe, Heimat, Zuversicht erzählt? Wie hast du dich bei einem Film gefühlt, in dem es um Gewalt, Angst, Grausamkeit oder Kriminalität ging? Kannst du dich daran erinnern? Kannst du einen Unterschied benennen?

Wenn du willst, kannst du die Erfahrung noch einmal ganz bewusst machen: Leihe dir einen Liebes- und einen spannenden Actionfilm aus. Nimm ruhig Filme, die du gerne sehen möchtest.

Schau eine halbe Stunde den einen und dann, ohne lange Pause dazwischen, eine halbe Stunde den anderen Film.

Beobachte, was du dabei fühlst, wie dein Körper reagiert, welche Gedanken dir durch den Kopf gehen.

Und was ist ein „Glaubenssatz"?

Nimm einmal an, alles, was du erlebst, ist ein Film. Ein Film, den du selbst drehst. Je nachdem, zu welchem Genre er gehört, erzeugt er eher angenehme oder unangenehme Gefühle, so wie in der Übung gerade.

Und nun stell dir vor, du kannst die Welt nie oder nur ganz selten ohne „Trübung", objektiv, in all seiner Fülle und der Vielfalt wahrnehmen.

Stell dir vor, du schaust ständig durch eine Brille, die die Farben der Welt verändert, so dass du nicht mehr frei bist in deinem Blick und deinem Urteil.

Stell dir vor, das ist wirklich so. Was bedeutet das?

Stell es dir wirklich vor, bevor du weiterliest.

Ein Glaubenssatz ist, vereinfacht ausgedrückt, eine solche Brille, durch die du die Welt betrachtest. Er färbt und trübt alles: deinen Blick, deine Gefühle, deine Wahrnehmung, dein Denken, dein Handeln. Ein Glaubenssatz ist ein Filter, durch den du nur bestimmte Dinge wahrnimmst und andere nicht. Selbst wenn du meinst, objektiv zu sein, ist das nur wieder ein Glaubenssatz oder eine Verkettung verschiedener Glaubenssätze, die sich zu einem sogenannten „Glaubenssystem" zusammenfügen. „Objektivität" unter Einbezug aller Fakten und neutrale Abwägung ohne Interpretation oder persönliche Betroffenheit ist dem Menschen nicht möglich. Du kannst aber so stark an deine Objektivität „glauben", dass du selbst völlig davon überzeugt bist.

Natürlich gibt es einfache Situationen, in denen eine gewisse Objektivität möglich ist – z. B. beim Preisvergleich. Je komplexer aber die Situation, desto schwieriger wird es mit der Objektivität: Nehmen wir zu dem einfachen Preis (Händler A hat niedrigere Preise, Händler B höhere) noch folgende Faktoren dazu:

Händler A – weite Anfahrt
Händler B – bessere Qualität
Händler A – unsympathisch
Händler B – Geschäft ist besser sortiert
… und so weiter.

Wir sehen, dass es eine Frage der Priorität ist, wie du dich entscheidest. Ist nur der Preis dein Maßstab, wirst du zu Händler A gehen. Sind dir aber Sympathie und Qualität wichtiger, wirst du eher zu Händler B gehen und so weiter.

Wir urteilen und bewerten also nach Priorität. Prioritäten entwickeln sich aus unserem Glaubenssystem, das sich wiederum aus verschiedenen Glaubenssätzen zusammensetzt, Manche Glaubenssätze übernehmen wir von den Eltern. Das Preisbewusstsein beim Einkaufen ist meistens von den Eltern übernommen. Andere Glaubenssysteme erschaffen wir uns in einer sehr frühen Kindheit selbst. Wenn du eine Mutter hast, die sehr viel Stress hat, könnte es sein, dass du unbewusst entscheidest, ihr keinen zusätzlichen Kummer zu bereiten und sagst dir innerlich: „Ich darf meine Bedürfnisse nicht äußern." Selbst in der frühen Pubertät entstehen noch Glaubenssätze wie „Wenn ich genügend Leistung bringe, werde ich von meinen Eltern wahrgenommen."

All diese einzelnen Sätze fügen sich zu deinem Glaubenssystem zusammen. Dann bist du preisbewusst, leistungsorientiert und nimmst deine Bedürfnisse nicht ernst, weil du keinem auf den Wecker fallen möchtest. Du siehst, wie sehr Glaubenssysteme deine Persönlichkeit bestimmen.

Gibt es nur ein einziges Detail, haben wir eine Chance auf Objektivität. Sobald jedoch mehrere Faktoren bei unserer Entscheidung eine Rolle spielen, ist Objektivität unmöglich. So wie bei zwischenmenschlichen Beziehungen und Kontakt. Sie bestehen nie nur aus einem Detail.

Jede Begegnung mit anderen hinterlässt bereits in den ersten Millisekunden hunderte von Eindrücken, die blitzschnell unbewusst im Organismus verarbeitet werden. Vieles löst Gefühle aus, manches auch Erinnerungen, die uns meist nicht einmal bewusst sind. Ein paar Beispiele: Der wahrnehmbare Geruch des Anderen löst Erinnerungen an Situationen aus, in denen du diesen Geruch schon einmal wahrgenommen hast. Der nicht wahrnehmbare Geruch des Anderen entscheidet blitzschnell über Sympathie und Antipathie. Das Aussehen des Anderen löst Erinnerungen an Menschen aus, die ähnlich aussehen, und entscheidet ebenso in Windeseile über Sympathie und Antipathie.

Bis jetzt wurde noch kein Wort gesprochen!

Stell dir nun vor, dieser Mensch sagt „hallo". Hast du nicht auch schon einmal jemanden kennen gelernt, den du attraktiv fandest, der dir aber in dem Moment, in dem er den Mund aufmachte, unsympathisch wurde oder eigenartige Gefühle in dir auslöste? Auch hier werden wir wieder durch unsere „Brille" beeinflusst. Stimme, Akzent und Tonfall des Anderen lösen ebenso wie sein Geruch und sein Aussehen eine Vielzahl von Reflexen in uns aus. Erst dann richtet sich die Aufmerksamkeit auf das Gesagte.

Du hast etwas gekocht, und dein Partner sagt: „Ich habe keinen Hunger." Dein Glaubenssystem bestimmt nun, wie du reagierst:

Du denkst: „Okay. Er hat keinen Hunger." Und sagst: „Okay. Macht nichts."

Du denkst: „Ich hab mir doch solche Mühe gegeben." Und sagst: „Iss doch wenigstens ein bisschen."

Du denkst: „Schmeckt ihm die Suppe nicht?" Und fragst: „Schmeckt es Dir nicht?"

Ich möchte hier nicht tiefer in die Kommunikationsmuster einsteigen. Es gibt jede Menge Bücher zu diesem Thema. Wichtig ist Folgendes: Wann immer wir mit anderen in Kontakt treten, ist unsere Reaktion auf den Anderen und sein Verhalten beeinflusst von unserem Glaubenssystem, der Brille, durch die wir die Welt betrachten.

Noch ein kleines Experiment:

Überlege dir, wie du in der Koch-Situation reagiert hättest und notiere deinen inneren Gedankendialog. Beobachte dein Verhalten, wenn diese oder eine ähnliche Situation das nächste Mal in deinem Alltag eintritt. Vergleiche deine tatsächliche mit deiner vermuteten Reaktion. Beeinflusst deine Stimmung dein Verhalten? Reagierst du anders, je nachdem ob du heiter und entspannt, schlecht gelaunt oder gestresst bist? Notiere nun neben dem erdachten Dialog auch den, der tatsächlich stattgefunden hat und überlege dir weitere Alternativen, egal wie absurd sie dir erscheinen.

Das ist der erste Schritt zur Veränderung. Das Experiment lässt sich auch auf andere Situationen übertragen:

Du sagst: „Ich bin müde".

Dein(e) Partner(in) sagt fürsorglich: „Du hast auch viel zu wenig geschlafen. Du solltest mehr auf Dich aufpassen."

Dein(e) Partner(in) ist gereizt: „Dann geh schlafen. Ich komme später nach."

Dein(e) Partner(in) ist enttäuscht: „Ich wollte doch noch … mit Dir."

Dein(e) Partner(in) fühlt sich schuldig: „Bin ich langweilig?"

Dein(e) Partner(in) ist erleichtert: „Super, dann kann ich jetzt …" und so weiter.

Kennzeichne deine vermutete, theoretische Reaktion mit einem „t" für Theorie, deine tatsächliche Reaktion mit einem „r" für „Realität" und wähle hinterher die Alternative aus, die dir die neutralste Reaktion scheint und kennzeichne sie mit einem „n" für „neutral". Die unwahrscheinlichste kennzeichnest du mit einem „w" für „weit weg".

Die Übung schult die Achtsamkeit für dein Kommunikationsverhalten. Hier gibt es keine Königslösung oder gar ein „Richtig" oder „Falsch". Verurteile dich nicht und sieh es einfach als Spiel. Ein Spiel mit deinen Erwartungen, deinem Verhalten und deinen Glaubenssätzen.

Der Begriff „Glaubenssatz" setzt sich aus zwei Teilen zusammen: Glauben und Satz. „Glauben" meint hier die „Farbe", die unsere Brille hat. Sie beeinflusst unsere Wahrnehmung der Welt und der Mitmenschen. Dadurch lenkt sie Kontakte in eine bestimmte Richtung, ohne dass wir es merken. Teile dieses Phänomens habe ich oben beschrieben. Der Begriff „Satz" meint, dass es für diese „Farbe" ein konkretes Bekenntnis gibt: „Keiner versteht mich." Oder „Die Welt ist ein gefährlicher Ort." Oder „Wenn ich nicht eingreife, geht alles schief."

Diese drei Glaubenssätze sind weit verbreitet. Sie werden manchmal anders formuliert, aber meinen doch inhaltlich das Gleiche. Typische Verhaltensmuster können daraus abgeleitet werden, ich gehe darauf später noch ein. Sie veranschaulichen die Theorie und helfen, die Entstehung von unauthentischem Verhalten besser zu verstehen. Vielleicht erkennst du sogar auf Anhieb Wege, wie man – je nach „Brille" – wieder leicht in die eigene Mitte finden kann.

Zunächst hast du vielleicht so ein vages Gefühl: „Ich fühle mich komisch. Da könnte ein Glaubenssatz am Werk sein." Und sobald du diese ungenaue Empfindung in Worte kleiden kannst, wenn du sagst: „Lieber bin ich klein und unsichtbar", begreifst du auch schon, was der Glaubenssatz mit dir anstellt. Er bestimmt deine Realität, das, was du über die Menschen, die Erde, das Leben denkst.

Ein Glaubenssatz enthält absolute, scheinbar objektive und verhexte Wahrheiten, die je nach Verstandestypus auf bestimmte Bereiche beschränkt sind.

Der Glaubenssatz „Keiner versteht mich" kann in Bezug auf die drei Eigenschaften folgendermaßen beschrieben werden: Er ist **absolut:** KEINER versteht mich – absolut keiner, auch die nicht, denen ich noch gar nicht begegnet bin. Er wird als **objektiv** wahrgenommen: Derjenige, der diesen Satz in seinem Denken verankert hat, glaubt, dass er tatsächlich noch nie jemandem begegnet ist, der ihn versteht. Er kann auf Anhieb mehrere Beispiele aufzählen, mit denen er belegen kann, dass es so ist.

Der Satz ist **verhext,** weil er natürlich nicht der Realität entspricht. Wenn er die gleiche Sprache spricht wie seine Umwelt, dann wird es jemanden gegeben haben, der ihn verstanden hat. Es kommt einem Grusel-Märchen gleich (deswegen die Bezeichnung „verhext"), wenn man sich vorstellt, dass man mit anderen spricht und nicht verstanden wird. Glaubenssätze können sein:

„Keiner versteht mich richtig."

„Keiner mag mich."

„Nur wenn ich die Kontrolle behalte, weiß ich, dass alles richtig gemacht wird."

„Wenn ich nicht da bin, geht alles drunter und drüber."

„Ich habe nie Zeit."

„Ich muss mich beeilen."

„Ich muss perfekt sein."

„Ich bin immer stark."

Kommen dir die Sätze bekannt vor? Vielleicht hast du sie noch nicht so klar ausgesprochen, aber sie geistern in deinem Kopf herum?

Es gibt eine Menge mehr davon, der Fantasie unseres Verstandes bei der Bildung solcher „Brillen" sind keine Grenzen gesetzt. Manche Glaubenssätze sind eigentlich absurd, wie der Satz „Es wäre besser, wenn ich nicht da wäre." Sie werden jedoch von dem simpel angelegten Datenspeicher, den wir Verstand nennen, als Realität wahrgenommen und akzeptiert.

Wenn du dich in Bezug auf deine Glaubenssätze selbst erforschen willst, achte einfach darauf, was du so im Laufe des Tages an absolut klingenden Wahrheiten, objektiven Erfahrungen und verhexten

Zusammenhängen von dir gibst oder was du zwar nicht sagst, aber denkst.

Manchmal ist Selbstbeobachtung regelrecht erschreckend, denn sie entlarvt schonungslos. Irgendwann wirst du dir dann eingestehen müssen, dass du andere Erfahrungen brauchst, denn die Glaubenssätze halten dich klein, machen dich eng und schränken dich ein. Sie sind wie ein Theaterstück, das du eingeübt hast und jetzt immer und immer wieder aufführst. Da du sie selbst erschaffen oder blind übernommen hast, kannst du auch damit aufhören. Doch du solltest zunächst wissen, womit du aufhörst und dein Drehbuch besser kennen lernen.

Manchmal ist Selbstbeobachtung aber auch spannend und amüsant: Sie nimmt ein wenig den Ernst aus der Sache, und du entdeckst auch, dass du nicht alleine stehst. Du erkennst, dass es viele Menschen um dich herum gibt, die alle nach dem einen oder anderen beengenden Muster leben. Schau dir deine Freunde an: Der eine orientiert sich nach Leistung, der Nächste ist immer der Schnellste, wieder ein anderer poliert jeden Freitag seine Wasserhähne. Jeder hat sein spezielles Theaterstück erschaffen - aus Angst, auszubrechen, die Bühne zu verlassen, ein neues Stück zu schreiben. Ist es nicht erleichternd zu erkennen, dass nicht alles, was wir denken, wirklich entscheidend für unsere Zukunft und unser Überleben ist? So viele Ängste, die wir haben, die unser Verstand erschafft, sind unnütz, und die erwarteten Katastrophen treffen nie ein. Und dennoch geben wir ihnen Macht über uns, lassen zu, dass sie uns beherrschen. Genieße auf der Reise zu dir selbst vor allem die Gelegenheiten, über dich selbst zu lachen, deine Ängste zwar wahrzunehmen, aber ihnen nicht das Steuer in deinem Fahrzeug „Gefühl" zu überlassen!

Was nützt es dir, dich durch dieses Kapitel zu arbeiten?

Wenn du begreifst, wie du deine Realität erschaffst, erschließen sich dir neue Möglichkeiten, mit Anderen in Kontakt zu treten und dabei tiefer und ehrlicher zu sein, als du es vielleicht jetzt bist.

Wie entstehen Glaubenssätze?

Die Antwort ist einfach und vielleicht überraschend: Glaubenssätze entstehen in der Kindheit und Jugend. Sie wirken wie ein Motor auf unseren Verstand und entziehen sich unserem Einfluss, dadurch bestätigen sie sich selbst und verfestigen sich das ganze Leben lang durch die eingeschränkte Wahrnehmung, die sie selbst produzieren: Mit Glaubenssätzen lebt man in einem Teufelskreis, der nur durchbrochen werden kann, wenn man erkennt, dass diese Wahrnehmung nur ein Teil der Wahrheit ist. Sie ist nicht die vollständige Wirklichkeit.

Wir machen noch einmal eine kleine Fantasiereise:

Stell dir vor, du fährst in den Urlaub. Du reist an einen Ort, den dir ein Freund empfohlen hat. Wo könnte das sein? Was hat dein Freund erzählt, dass du auch dahin fahren wolltest?

Vielleicht war er schon mehrfach auf den Kanarischen Inseln, zu verschiedenen Jahreszeiten, und hatte immer schönes Wetter. Vielleicht hat er jedes Mal nette Menschen kennen gelernt. In den Hotels, in denen er untergebracht war, war das Essen immer ausgezeichnet.

Vielleicht warst du selbst schon öfter auf Mallorca. Aber egal, zu welcher Jahreszeit du geflogen bist, es gab immer mindestens zwei Regentage, du hast noch nie jemand Nettes kennen gelernt, und das Essen war jedes Mal ungenießbar. Deshalb folgst du seinem Tipp und fliegst auf die Kanaren.

Bei der Landung regnet es. Was denkst du?

Du fährst in dein Hotel, checkst ein, gehst zum Abendessen und stellst fest, dass es kein einziges fleischloses Gericht gibt – und du bist Vegetarier. Und jetzt? Was denkst du?

Du hast für zwei Wochen gebucht, nur an drei Tagen scheint die Sonne. Auch dann ist es bewölkt und verhältnismäßig kühl, aber immerhin regnet es nur viermal. Wie wirst du anderen deinen Urlaub auf den Kanaren beschreiben? Was erzählst du deinem Freund? Wie begegnest du ihm nach dem Urlaub? Wirst du die Kanaren als Urlaubsziel weiterempfehlen?

Versetze dich nun zurück in die Zeit, als du ein Baby warst. Auch wenn es dir nicht auf Anhieb gelingt – versuche es. Es wird dir zeigen, wie schnell sich ein Glaubenssatz in dir verankern kann und sich unbeobachtet in deinen Verstand einnistet.

Ein Baby (du) macht sozusagen Urlaub auf der Erde. Die Umgebung ist ihm fremd, es erkennt Mutter und Vater nur instinktiv. Das Verhalten der Eltern, ihre Art zu sprechen, ihre liebevolle oder kühle Haltung dem Kind gegenüber – all das ist neu für das Baby. Stell dir nun das Gehirn des Babys als einen großen Speicher vor, wie eine Computerfestplatte, die unaufhörlich Informationen abspeichert. Was speichert das Baby ab? Was hast du als Baby abgespeichert?

In das kindliche Gehirn werden alle Daten der Umgebung eingespeist. Meist wiederholen sie sich, wie die Sprache und das Verhalten der Eltern. Zu den Daten gehören auch die Umstände, in denen sich das Baby befindet: ob es in der Wohnung laut oder leise ist, sauber oder schmutzig, ordentlich oder chaotisch. Es speichert, ob es versorgt wird oder nicht, ob Eltern und Geschwister friedlich oder streitlustig sind. All das gehört zu den „Urlaubseindrücken" des Babys, und so ist für ihn die ganze Welt. Ob sie wirklich so ist, spielt für das Gehirn keine Rolle. Es speichert nur und bewertet nicht. Es vergleicht auch nicht – womit auch? Vergleichen lernt das Baby erst, wenn es bereits vollgepackt ist mit Eindrücken, von denen es glaubt, sie gäben die ganze Realität wieder. Da jedes Baby in andere Umstände hineingeboren wird, hat jeder von uns sein eigenes Bild von der Welt. Manche ähneln sich, andere sind verschieden. Wenn das erwachsene Baby A auf das erwachsene Baby B trifft, wird es vielleicht, wie der Freund in der Geschichte oben, von der Welt schwärmen, weil es sie als geordnet, warm, ruhig und liebevoll erlebt, und sie weiterempfehlen. Und das erwachsene Baby B versteht nicht, von welcher Welt Baby A spricht, weil es erfahren hat, dass die Welt chaotisch, schmutzig, unsicher und laut ist.

Die frühen Erfahrungen setzen sich unbewusst und unkontrolliert fort. Egal, wie wir die Welt als Baby empfunden haben, wir haben auch gelernt, was wir tun müssen, um zu ihr dazuzugehören und in ihr zu überleben (bis auf wenige Extreme, in denen Menschen sehr früh und sehr stark geprägt sind von dem Satz „Es ist besser, wenn ich nicht da bin"), so hat es die Natur vorgesehen. Um dazuzugehören und zu überleben, versuchen wir unbewusst, bekannte Ur-Situationen (den Baby-Urlaub auf der Erde) wieder herzustellen. Meist tun wir das auf eine gesellschaftlich akzeptierte Weise und suchen uns Menschen, die unserer Ursprungsfamilie ähneln. So suchen Erwachsene, die aus einer Familie voller Gewalt kommen, immer wieder ähnliche Situationen, sei es innerhalb der selbst gegründeten Familie oder im beruflichen Umfeld, denn das Gehirn hat die Erfahrung „Gewalt" an die Erfahrung „Überleben" gekoppelt. So sichert die primitive Speicherkarte Gehirn, die wir Verstand nennen, das Bestehen unserer Rasse. Das ist zwar bisweilen absurd bis erschreckend, aber es funktioniert.

Entwicklungspsychologie ist ein interessantes Feld, das tiefe Einsichten vermitteln kann. Ich kann entsprechende Fachbücher sehr empfehlen. Für den Moment genügt es jedoch, dass du begreifst, dass es Situationen im Kontakt mit Anderen gibt, in denen du dein Verhalten nicht frei bestimmen kannst. Dein Verstand steuert dich so, dass du zur Welt, zur jeweiligen Gruppe (Freundeskreis, Familie, Kollegen) dazugehörst und dein Überleben gesichert ist. Das kann heißen, dass du entweder eine gewisse Tiefe in der Kommunikation nicht automatisch erreichst oder dass Gespräche immer wieder auf die gleiche Weise verlaufen und in einer Sackgasse enden usw.

Inzwischen bist du natürlich kein Baby mehr, du musst dich nicht mehr nach deinen Ursprungserfahrungen verhalten. Aber leider arbeiten die Mechanismen seit so langer Zeit mit ständig wiederkehrender Bestätigung, dass es nicht leicht fällt, davon loszulassen. Von unserem Verstand wird das Loslassen der alten, bekannten Mechanismen sogar als extrem risikoreich und beängstigend eingestuft.

Das Hauptanliegen dieses Kapitels ist, dir klar zu machen, dass das so ist: Gegen lange Jahre antrainierte Verhaltensweisen angehen zu wollen, gleicht einem Kampf gegen Windmühlen. Man kann nicht gegen sich selbst kämpfen. Oder präziser gesagt: **Du würdest gegen einen Feind kämpfen, der jeden deiner Angriffe vorhersieht und sich entsprechend zu wehren weiß.**

Ich lade dich ein, einfach nur zu beobachten, wie du mit deinen Mitmenschen in Kontakt trittst und gleichzeitig das, was du bisher als absolute, objektive (und verhexte) Wahrheit empfunden hast, nun mit gelassener Heiterkeit zu betrachten, so als sei es ein Theaterstück. Lass das, was du sehen und erkennen kannst, auf dich wirken, wie in der Übung mit den beiden unterschiedlichen Stimmungen, die in dir entstehen, wenn du einen Liebesfilm anschaust oder einen Actionfilm voller Gewalt.

„Typisch ...!"

Glaubenssätze lenken deine Aufmerksamkeit in eine bestimmte Richtung und verhindern, dass du etwas Neues ausprobierst und erlebst. Sie weben ein Muster, in dem du dich bewegst und nach dem du dich verhältst. Sie sind wie das Thema einer Melodie: Der Rhythmus und die Noten der Melodie sind gleich und tauchen in unterschiedlichen Variationen immer wieder auf.

Egal, wie sehr du dich bemühst, etwas zu ändern und aus dem Muster auszubrechen, du wirst doch immer nur eine Variante des ewig Gleichen erschaffen. Ob in Dur oder Moll – das Thema bleibt.

Das bedeutet: Auch wenn du dich spirituell bildest, setzt dein Verstand zwar diese Maske auf und macht dir weiß, du hättest alles verstanden und könntest neue Wege gehen. In Wirklichkeit aber gaukelt er dir diese neue Welt nur vor. Aus dem Gelesenen und Angelernten konstruiert er mit neuen Worten die gleiche Struktur, die er bereits kennt. Wenn du dich vorher immer zurückgezogen hast, wirst du das auch jetzt tun, nur eben – als spiritueller Mensch – unter dem Vorwand der Meditation oder des sogenannten Aufstiegs.

Vielleicht bist du sozial veranlagt und stammst aus einer Familie mit Alkoholikern. Jetzt engagierst du dich im sozialen Bereich und hast wieder mit Menschen mit ähnlichen Problemen zu tun. Du spürst den Drang zu helfen. Das ist die bewusste Seite der Medaille. Doch unbewusst bist du vielleicht einfach nur froh, in einem suchtvollen Umfeld zu arbeiten. Es ist das, was du bereits gut aus deiner Vergangenheit kennst. Der Verstand ist Meister darin, völlig unbemerkt zu arrangieren, dass alles so bleibt, wie es ist. So bleibt die gewohnte Struktur erhalten. Sie zeigt sich eben in einem neuen Kleid. Und das ist vielleicht ein bisschen schöner anzuschauen als das alte.

Die beiden kleinen Beispiele zeigen deutlich, wie tückisch Glaubenssysteme in unserem Leben sind, sie zeigen aber auch wie wichtig es ist, sie wieder loszulassen. Die Schritte dahin werden in diesem Buch gezeigt.

Wenn du die „Brille" absetzen willst, erzeugt allein der Gedanke daran schon eine starke, meist unbewusste Angst. Angst, du könntest dich in der Welt nicht mehr zurecht finden, alles wäre unscharf, ungeordnet und fremd. Dein Verstand hat Angst vor jeder noch so kurzen Irritation. Denn so, wie du über die Niere ausscheidest, mit der Lunge atmest und dem Darm verdaust, so hat der Verstand die Funktion, alles was du siehst, fühlst und hörst, in eine begreifbare, und das heißt meistens lineare Ordnung zu bringen. Wenn du nun alte Verhaltensmuster loslässt, ist diese Ordnung gefährdet.

Es gibt auch Angst, nicht mehr dazuzugehören. Wenn du dich anders verhältst, wirst du vielleicht ausgestoßen. Früher hieß das in der katholischen Kirche „Ex-Kommunizieren", und es war die schlimmste Strafe, die man sich vorstellen konnte. Unbewusst ist dies auch heute noch so.

Glaubenssätze sind Teil des Verstandes: Sie geben der Welt eine Struktur. Ordnung schützt uns vor Gefahren und sichert das Überleben. Genauso wie es das Überleben sichert, wenn du zu deinem sozialen Gefüge dazugehörst. Wer als Baby die Welt als unsicher erfahren hat, wird sich auch als Erwachsener eher schnell zurückziehen und weniger offensiv leben. Wer den Glaubenssatz verinnerlicht hat „ich muss alles kontrollieren", wird sich immer wieder Menschen suchen, die er kontrollieren kann und muss, denn mit ihnen fühlt er sich am Sichersten, entsprechen sie doch seiner Ursprungsfamilie. Und natürlich wird es tatsächlich notwendig sein, dass er kontrolliert.

Glaubenssätze verhindern, dass wir neue Erfahrungen machen. Ein Glaubenssystem wie „Ich muss immer kontrollieren" lässt dir irgendwann keine Zeit mehr für positive Erlebnisse und führt in letzter Konsequenz zum burn-out: Du fühlst dich schlapp und ausgebrannt und hast keine Kraft mehr.

Darum ist es so wichtig, sich Glaubenssysteme bewusst zu machen: Nur wenn du erkennst, dass das, was du über die Welt und deine Mitmenschen denkst, nicht zwangsläufig der Realität entspricht, kannst du dein Verhalten ändern, so dass es dir gut tut und dich nährt.

Bleib offen. Nimm nicht alles, was andere dir erzählen oder zeigen, für bare Münze. Finde selbst heraus: Was von dem, wie du die Welt und die anderen siehst, ist wirklich real?

Ein Glaubenssystem ist eine Autobahn, auf der du fährst, weil du sie schon hundertmal gefahren bist und den Weg kennst. Selbst wenn sie einen kleinen Umweg bedeutet – die Strecke ist bekannt. Darum wirst du sie immer wieder fahren.

Erkennst du deine Glaubenssätze und Glaubenssysteme, wirst du neue Wege entdecken, neue Autobahnen, die zum Ziel führen. Manchmal ist der Zustand der Straße anders, oder der Weg ist breiter oder schmaler, länger oder kürzer. Manchmal ist man auf der neuen Autobahn allein, manchmal ist sie voller Mitreisender.

Nimm einmal eine andere Strecke in deinem inneren Straßenverzeichnis! Auch wenn es nur eine Variante der alten ist – probier sie aus und schau, was anders ist. Gewinner in diesem Spiel ist der Beobachter, nicht der, der die tollste und neueste Strecke fährt.

Vielleicht hat der neue Weg ganz andere Reize. Du wirst sie nur entdecken, wenn du es ausprobierst.

Glaubenssysteme sind wie Kartons in einem dunklen, muffigen Keller. Während du diesen Text liest, ist das Licht in diesem Keller an, du kannst die Formen einzelner Kartons erkennen. Wenn du die Übungen durchführst, gehst du sozusagen näher an die Kartons heran und schaust sie dir genauer an. Vielleicht bist du sogar mutig und machst den einen oder anderen auf.

Mit der Zeit wirst du lernen, das Licht im Keller brennen zu lassen, die Kartons verlieren ihren Schrecken und du traust dich, hineinzuschauen. Benutzt du zusätzlich eine Taschenlampe – bist mutig und ehrlich dir selbst gegenüber – entdeckst du, was das Glaubenssystem vor dir verbirgt. Meistens sind in den Kartons Dinge, die man als Kind nicht lernen durfte, die unerwünscht oder verboten waren. Dazu gehört oft der Ausdruck von Gefühlen, wie zum Beispiel Trauer, Wut, Zorn. Manchmal war es sogar verboten, Freude zu zeigen. Solche Drachen und Elfen findest du in den Kartons.

Glaubenssysteme halten richtige Schätze verborgen. Wenn du die Kartons durchforstest und die Dinge ans Tageslicht holst, wirst du auf eine andere Art vollständig als du es bisher kanntest: Du lernst die ganze Palette an Gefühlen kennen, die in dir sind, und findest heraus, welches Gefühl welcher Situation angemessen ist und zu deinem Wohlgefühl beiträgt.

Die Kartons einfach unbesehen im dunklen Keller stehen zu lassen bedeutet, freiwillig einen Teil deiner Entscheidungsfreiheit einzubüßen. Dann fährst du Dreirad, obwohl du ahnst, dass ein Auto in der Garage steht. Du machst dir nicht einmal die Mühe nachzusehen, weil du ja bisher ganz gut mit dem Dreirad zurecht gekommen bist und denkst, in deinem Alter Auto fahren zu lernen, ist bestimmt sehr schwer. Dabei hat das alles nichts mit Anstrengung zu tun. Du musst dich nicht jahrelang in Selbsterforschung üben, bevor du die ersten Veränderungen entdecken kannst. Die eindrücklichsten Fortschritte machst du durch Selbstbeobachtung. Beobachten ist nicht forschen – du musst nicht analysieren, nicht bewerten. Wenn du dir selbst dabei zusiehst, wie du handelst, fühlst, verdrängst, dann geht das Licht im Keller automatisch an, und es ist ganz leicht, sich die Dinge anzusehen.

Die Glaubenssätze, die ich im Folgenden beschreibe, zeigen, wenn auch stark verallgemeinert, typische Verhaltensmuster. Das Ganze ist natürlich nur ein kleiner Auszug, zudem sehr vereinfacht. Es soll beim Verstehen des Themas helfen und ist nicht als Beurteilung oder Vergleich gedacht. Dennoch viel Freude beim Lesen und beim späteren Beobachten deiner selbst, deiner Freunde und Bekannten!

Typisch Kamel: „Ich muss gefällig sein.“
Oder: „Gib viel und du wirst enttäuscht werden.“

Provoziert dich diese Überschrift? Sie ist provokativ. Und sie trifft ins Schwarze. Kamel-Typen kennen den Wahrheitsgehalt dieser Sätze: Sie geben alles, machen sich Gedanken über die perfekte Strategie, sind immer für andere da, opfern sich auf, nehmen sich selbst zurück und wünschen sich als Dank nur ein wenig Anerkennung.

Jemand, der durch diesen Glaubenssatz geprägt ist, weiß sehr genau, wie er sich verhalten muss, um anderen zu gefallen. Er spürt intuitiv, was sein Gegenüber mag, egal ob es das Aussehen, Verhalten oder eine bestimmte Fähigkeit betrifft.

Ein Kamel würde niemals etwas tun, von dem es weiß, dass es dem Anderen missfällt. Selbst dann nicht, wenn es insgeheim sein sehnlichster Wunsch ist. Das Kamel hat von allen Typen die größten Schwierigkeiten, im Gespräch seine eigene Meinung zu äußern. Das kann sogar soweit gehen, dass es nicht einmal selbst weiß, was seine Meinung ist oder dass es eigene Gedanken haben könnte. Es hat für jede Partei Verständnis und wirkt anspruchslos und vollkommen zufrieden. Dem Kamel fällt es leicht, Anweisungen und Vorschlägen spiritueller Lehrer und Therapeuten zu folgen. Allerdings vergisst es sie auch genau so schnell wieder im Alltag, wenn es im Kontakt mit anderen Menschen ist. Es sei denn, es will jemanden mit einem besonders guten Erinnerungsvermögen beeindrucken. Das Kamel ist allgemein beliebt und fügt sich gut in die Gesellschaft ein.

Aber nicht jeder ist ein Kamel und gibt sich Mühe, nett und adrett zu sein. Darum wird das Kamel oft enttäuscht, denn es hegt insgeheim die Erwartung, dass andere sich auch so verhalten wie es. Das würde doch jede Streiterei und selbst Kriege überflüssig machen!

Leider sieht die Welt anders aus.

Man kann die Beziehung zwischen zwei Menschen als Waage darstellen. In die Waagschalen wird gelegt, was der jeweilige Beziehungspartner gibt. Angenommen, du bist immer für den Anderen da, wenn er dich braucht, nimmst dir Zeit für ihn und lässt alles stehen und liegen, wenn Not am Mann ist – all das kannst du in die Waagschale auf deiner Seite legen. Dir ist wahrscheinlich klar, wie schnell ein Ungleichgewicht entstehen kann, wenn der andere ein Glaubenssystem hat, das ihn denken lässt, er hätte nie Zeit und müsste rund um die Uhr hart arbeiten. Nimmt dein Freund sich also keine Zeit für dich, wenn du in Not bist, wird dich das vermutlich früher oder später frustrieren: Du hast gegeben und der andere hat genommen. Und du bekommst nicht das zurück, was du gerne gehabt hättest.

So etwas findet sich recht häufig im alltäglichen Leben. Du siehst, wie leicht die Waagschalen – zumindest aus deiner Perspektive – aus dem Gleichgewicht geraten können. Empfindest du viel Liebe für deinen Freund, für den du immer da bist, dann ist es möglich, dass deine Liebe ausreicht, die Waagschalen auszugleichen. Handelst du aber aus Pflichtgefühl und nicht aus Liebe, ist also dein Glaubenssatz Motor für dein Verhalten, wird das nicht ausreichen als Gegengewicht. Auch ein Anspruch nach Perfektion hilft hier nicht weiter.

Noch stärker wird das Ungleichgewicht, wenn du Dinge tust, die du eigentlich nicht tun willst, nur weil du nicht nein sagen kannst. Das kommt sehr oft vor. Es ist eine der schwersten Übungen, authentisch „nein" zu sagen – ohne Schuldgefühle, Ausreden oder Rechtfertigungen. Du bist bestimmt schon einmal um etwas gebeten worden und hast ja gesagt, obwohl du eigentlich gar nicht wolltest. Was auch immer deine Motivation für die Zusage war, du hast damit jedenfalls einen ziemlich dicken, schweren Klumpen in deine Waagschale geworfen, den der Andere nicht so leicht wieder wett machen kann. War dein innerer Widerwillen groß, wird kein Bemühen von seiner Seite schwer genug wiegen. Die Unfähigkeit, „nein" zu sagen, löst Frust aus, denn der Haufen dicker Klumpen auf der Waage kann nicht ausgeglichen werden.

Wir sind hier an einem der wichtigsten Punkte in diesem Buch, denn der beschriebene Mechanismus ist weit verbreitet und sehr kraftvoll.

Klumpen sammeln sich selbst dann an, wenn du „nein" sagst, dich dabei aber gleichzeitig rechtfertigst oder dich innerlich schuldig fühlst. Sie sind zwar nicht so groß, aber sie sind da. Je öfter du ein nicht ganz authentisches „nein" in die Welt setzt, desto mehr dieser Klumpen sammeln sich an. Sie führen zunächst zu diffus unguten Gefühlen dem Anderen gegenüber und enden irgendwann in Wut und Antipathie.

Leider verschwinden die Gewichte nicht einfach irgendwann von alleine. Irgendwann muss es zu einem Ausgleich kommen – egal wie. Du musst also zum einen aufmerksam verfolgen, wie viel Gewicht du in die Waagschale wirfst und zum anderen musst du lernen, ebenfalls um Hilfe, Zeit oder ein offenes Ohr zu bitten, wenn du es brauchst. Die sicherste Methode sich von anderen übergangen, nicht gesehen oder ausgenutzt zu fühlen ist, seine Waage nicht ins Gleichgewicht zu bringen.

Es liegt in deiner Verantwortung, abzuwägen, wie sehr du dich für andere einsetzen willst, und für einen Ausgleich zu sorgen. Ansonsten wirst du dich immer wieder mit dem Gefühl, ausgenutzt zu werden, auseinandersetzen müssen.

Wenn du jemand bist, der gerne gibt, aber nur schlecht annehmen kann, dann gibt es noch eine andere Art Ungleichgewicht: Wahrscheinlich ist deine Waagschale schon ganz schwer, es stört dich aber nicht, weil du so viel Liebe in dir hast. Allerdings entsteht mit der Zeit eine seltsame Dynamik: der Andere, der viel von dir bekommt, dir aber nie etwas geben kann, weil du nicht nimmst, fühlst sich schlecht, denn er steht in deiner Schuld. Er wird dich früher oder später meiden oder dafür sorgen, dass du ihm nichts mehr gibst, indem er dich z. B. verrät oder verlässt. So schafft er den Ausgleich zu deiner Großzügigkeit.

Viel zu geben führt nicht immer zu Dankbarkeit oder Freundschaft. Die Motivation und deine Bereitschaft, zu nehmen, sind ausschlaggebend für das Ergebnis. Hingabe auf Grund verinnerlichter Glaubenssätze kann Schuldgefühle und Abwehr im anderen erzeugen.

Sei dir über folgende Dinge bewusst:
    Wie viel gibst du?
    Gibst du freiwillig, oder folgst du einem Glaubenssystem?
    Kannst du auch annehmen?

Zum Nehmen sei gesagt: Nehmen gleicht die Waagschalen aus. Der Andere muss sich dir gegenüber nicht schuldig fühlen, ihr bleibt auf einer Ebene. Annehmen kann schwierig sein, wenn man es nicht gewohnt ist. Um die ungewohnte und damit womöglich unangenehme Situation zu bewältigen verfällst du vielleicht in den gesellschaftlich programmierten Ablauf, sagst: „das wäre doch nicht nötig gewesen" oder: „das kann ich doch nicht annehmen".

Streich diese Floskeln für immer ersatzlos aus deinem Repertoire! Wenn du ein Geschenk, eine Aufmerksamkeit oder Hilfe von jemandem bekommst, nimm es an. Spüre nach, welche Gefühle in dir ausgelöst werden: Kannst du dich freuen? Oder fühlst du dich schuldig oder schämst dich? Bedanke dich. Weitere Kommentare sind überflüssig.

Lache, wenn dir danach zumute ist oder wenn lachen der Situation angemessen ist, weil du vielleicht ein lustiges Geschenk bekommen hast oder du dich so freust. Viel zu oft überdecken wir mit Lachen unsere Scham. Wenn du dich schämst, bleib bei diesem Gefühl, du brauchst es weder zu verstecken noch auszudrücken. Das, was du beim Annehmen fühlst, sagt etwas aus über die Bewegung, die die Waagschalen wieder ins Lot bringt.

Und schließlich: Je weniger verbale Aufmerksamkeit du Gefühlen wie Scham oder Schuld schenkst, desto weniger Macht werden sie über dich haben. Es ist wichtig, dass du sie wahrnimmst – mehr aber auch nicht. Du musst nichts damit anstellen. Ist dein Gegenüber sensibel und spürt, dass du dich unwohl fühlst, kannst du deine Gefühle ansprechen. Aber zerrede sie nicht.

Typisch Hase: „Ich muss mich beeilen.“
Oder: „Renn, und du wirst genauso lange brauchen, wie wenn du dir Zeit genommen hättest.“

Dieses Verhaltensmuster ist ein Phänomen unserer Zeit: Unser Leben wird immer hektischer. Ursache dafür ist zum einen die vieles beschleunigende Technik, zum anderen die wachsende Intelligenz des menschlichen Gehirns. Abläufe, für die wir früher Stunden gebraucht haben, dauern manchmal nur noch Minuten, weil wir heute schnell mit dem Auto fahren können und nicht zu Fuß gehen müssen.

Der Satz passt zwar hervorragend zum Hasen mit seinem Glaubenssatz „ich muss mich beeilen“, aber da ihn fast jeder – wenn auch nicht immer besonders ausgeprägt – verinnerlicht hat, geht dieses Thema uns alle an. Für den, der sich immer beeilt, ist es eine klare Sache: Wenn er schnell genug ist, kann auch mehr geschafft werden.

Der Hase erledigt alles ganz schnell. Er hat nie Zeit, so fühlt er sich zumindest. Und sollte er doch mal eine freie Minute finden, wird er sie doch sofort mit etwas zu füllen wissen. Der Hase hat vermutlich irgendwann einen Herzinfarkt oder Schlaganfall, anders ist er nicht zu bremsen. Hasen werden eben irgendwann erschossen. Deswegen läuft er … und läuft und läuft und läuft.

Der Hase kommt nicht zur Ruhe. Insgeheim ist er stolz darauf, dass er soviel schafft. Im Vergleich mit anderen wirkt er zunächst tatsächlich schneller, das liegt aber nur an den zusätzlichen (und unnötigen), hastigen Bewegungen. Er packt einen Satz voller Worte, um in kürzerer Zeit mehr zu sagen. Entspannungstherapie ist dem Hasen ein Graus. Er findet nicht eher zur Ruhe, bis er sich völlig ausgepowert hat. Unterm Strich ist er vermutlich nicht effizienter als jemand ohne diesen Glaubenssatz, denn in der Eile fällt vieles runter und geht einiges kaputt.

Auch der Hase geht davon aus, dass alle so sein wollen wie er. Dass dem nicht so ist, befremdet ihn. Wenn er auf jemanden trifft, der am liebsten alles ganz langsam macht, ist sein Urteil schnell gefällt: lahme Krücken, Faulpelze und Schlafmützen.

Langsamkeit ist für den Hasen deshalb so bedrohlich, weil sie ihn in seine Mitte bringt und ihm seine Gefühle bewusst macht. Gefühle, die ihm womöglich gar nicht angenehm sind. Eile ist seine persönliche Vermeidungsstrategie.

Gehörst du zu diesem Typ?

Falls ja, was musst du schaffen?

Was geschieht, wenn du es nicht schaffst?

Und was, wenn du es nie schaffst?

Vielleicht machst du dir oft eine Liste mit den Dingen, die du erledigen musst. Du kannst am Abend zwar viele Punkte abhaken, hast also viel geschafft, aber du musst auch manches am nächsten Tag wieder auf die Liste setzen: in der Eile sind beim Einkaufen die Eier kaputt gegangen, und du hast deine T-Shirts doch in der falschen Größe gekauft. Oder du hast vor lauter Hast einige Dinge auf der Liste übersehen.

Vielleicht strengst du dich sehr an, alles zu schaffen, stellst aber immer wieder fest, dass du auf die eine oder andere Weise versagst. Trifft das auf dich zu? Du kaufst Montagsgeräte, die nicht richtig funktionieren, du beeilst dich beim Einkaufen und bekommst doch nicht alles, weil es ausverkauft ist, oder du übernimmst dich schlichtweg – sei es persönlich oder finanziell.

Hast du dich je gefragt, warum du manchmal „versagst"? Warum entscheidest du so schnell? Was würde geschehen, wenn du dir mehr Zeit ließest? Was macht dir Angst bei dem Gedanken an ein wenig mehr Langsamkeit in deinem Leben? Es ist jedenfalls oft so, dass eine volle To-do-Liste immer länger wird, statt kürzer.

Es gibt noch eine dritte Möglichkeit für den Hasen, mit seinem Glaubenssatz umzugehen: Widerstand. Ein Teil in dir ist ungeduldig, und du beginnst dagegen anzukämpfen. Du bremst dich selbst aus, wirst so langsam, dass du nichts mehr geregelt bekommst. Du fühlst dich dumpf, taub, matt. Wirst gleichgültig. „Wenn nicht heute, dann eben morgen" wird dein neues Motto. Oder es war eben nicht wichtig genug.

Egal, was deine Glaubenssätze sind – nimm einfach nur wahr, dass du von einer Stimme angetrieben wirst, die dir vormacht, du müsstest etwas in einer bestimmten Zeit erreichen oder erledigen. Mehr ist nicht nötig. Veränderung tritt ein, wenn du darauf achtest, was in diesen Momenten in dir vorgeht. Was geschieht, wenn deine Pläne nicht aufgehen? Ärgerst du dich? Kannst du über dich selbst lachen? Oder fühlst du dich in die Enge getrieben und wirst hektisch? Was auch immer in solchen Momenten in dir passiert: Es ist wertvoll, um dir das Thema Zeit (und wie gehe ich damit um!) vor Augen zu führen und daran zu wachsen.

Die Physik weiß heute, dass es „Zeit" in unserem Sinne gar nicht gibt. Die immer gleiche Einteilung in Sekunden, Minuten, Stunden, Tage etc. ist eine Illusion. Auch unsere Vorstellung einer Chronologie von Vergangenheit, Gegenwart und Zukunft ist überholt. Alles existiert immer gleichzeitig. Das Erleben von Zeit jedoch ist ganz individuell.

Kennst du das Bild vom Meer der Zeit? Zeit ist wie der Wellenschlag des Meeres – die Bewegung ist kontinuierlich, mal schnell und gewaltig, dann wieder sanft und weich. Der Mensch bewegt sich wie ein Blatt auf den Wellen in diesem Meer aus Zeit. Wir glauben vielleicht, wir könnten die Bewegung kontrollieren, wir könnten bestimmen, wo es hingeht, aber das heißt noch lange nicht, dass wir es wirklich können. Wir leben in der Illusion des Verstandes, nicht in der Realität. Die Pseudorealität in unserem Kopf ist Kopf-Kino. Du kannst jederzeit einen anderen Film einlegen, dann siehst du auch etwas Anderes. Der Verstand hat die Uhr erschaffen, denn er liebt Struktur. Die Uhr teilt die Zeit ein, und der Verstand richtet sich danach. In Wirklichkeit ist Zeit ungeordnet, wirr, amorph, völlig strukturlos. So etwas treibt den Verstand in den Wahnsinn.

Stell dir Zeit nochmal als Meer vor: Wenn du eine Flaschenpost ins Meer wirfst, dann doch am Besten so, dass du dir die Strömung zu Nutze machen kannst, so dass deine Nachricht auch ihr Ziel erreichen kann! Wenn du am Dienstagmorgen beschließt, einen Apfel zu kaufen, gelingt dir das wahrscheinlich – du gehst in den Laden und besorgst dir ein schön knackiges Exemplar. Was aber, wenn es Sonntag ist? Dann haben die Geschäfte zu. Oder es ist Samstag – und womöglich sind alle Äpfel ausverkauft …

Stell dir Zeit als eine Welle vor, auf der du reitest. Sie trägt dich, Tempo und Richtung kannst du jedoch nur bedingt beeinflussen. Und es kostet auf jeden Fall eine Menge Kraft! Sich treiben zu lassen, ist ungewohnt und anfangs oft auch beängstigend, aber es ist auch müheloser und führt zu besseren Ergebnissen. Sich treiben zu lassen heißt nicht, zu resignieren oder phlegmatisch vor sich hin zu dümpeln – du musst schon schwimmen oder auf dem Surfbrett stehen, um nicht unterzugehen. Deine aktive Beteiligung ist gefragt. Erledige, was du erledigen musst. Aber vielleicht kannst du damit experimentieren, dich dem Fluss der Zeit anzuvertrauen. Vielleicht bummelst du auf der Suche nach einem neuen Handy einfach mal langsam durch die Stadt statt zu hetzen. Natürlich denkst du, dass du zu langsam bist. Aber vielleicht triffst du einen Freund, mit dem du dich sehr nett unterhältst. Im Gespräch stellt sich heraus, dass er gerade ein neues Handy gekauft hat, das er ganz toll findet und das auch für deine Bedürfnisse perfekt geeignet wäre und zudem noch billig ist.

Auf der Welle der Zeit zu reiten ist herausfordernd und reizvoll und bietet viele Überraschungen: Du triffst neue Menschen, tankst Kraft, wirst gelassener. Die Dinge gehen dir leichter von der Hand und müssen nicht mehr dreimal erledigt werden, bevor sie endlich abgehakt werden können. Gegen den Strom zu schwimmen ist anstrengend, verhindert Kontakt, erzeugt Stress, und alles, was du anpackst, wird zu einem Kampf. Am Ende hast du mehr Energie investiert, als wenn du dir von Anfang an mehr Zeit gelassen hättest.

Es ist wie mit dem Bauern: Der hatte finanzielle Sorgen und wollte schnell sein Getreide verkaufen. Aber das Korn war noch nicht reif. Deswegen hastete er auf das Feld und zog an den Getreidekeimlingen in der Hoffnung, dass sie dann schneller wüchsen. Stattdessen zog er sie jedoch mitsamt der Wurzel aus der Erde und verlor seine Ernte.

Typisch Ameise: „Ich muss perfekt sein."
Oder: „Sei fehlerfrei, und es wird schief gehen."

Eine Ameise wird durch die Anerkennung anderer genährt. Alles, was sie tut, ist perfekt. Sie verwendet viel Zeit darauf, ihre Werke abzurunden, zu verschönern, noch einmal zu korrigieren und hübsch zu verpacken. Sie findet immer die passenden Worte, und ihr Auftritt ist makellos. Sie ist dem Kamel sehr ähnlich, aber noch zwanghafter. Eine unvollendete Arbeit kann sie nicht zeigen, in ein unaufgeräumtes Zimmer lässt sie niemanden hinein – selbst wenn die „Unordnung" nur aus stumpfen Bleistiften in der Schreibtischschublade besteht. Sie legt Wert auf das Detail. Exaktheit und Vollständigkeit sind ihr Ziel.

Wenn sie nicht durch Präzision hervorstechen kann, wird sie wütend. Sie ist immer auf der Suche nach der perfekten Ordnung, dem perfekten System, der perfekten Lösung. Nur wenn sie das findet, fühlt sie so etwas wie Zufriedenheit.

Hilfe kann sie nur schwer annehmen, denn auch hier muss alles passen: der Raum, die Atmosphäre, der Preis, der Helfende, die Verkehrsanbindung, der Leumund usw. …

Da nicht alle Menschen nach Perfektion streben, hat eine Ameise immer zu tun und ist auch immer mit Verbesserungsvorschlägen zur Stelle.

Wer nicht ganz so perfektionistisch eingestellt ist wie sie, wer die Ordnung im Kleiderschrank etwas entspannter angeht oder Geschwindigkeitsbeschränkungen nicht ganz so ernst nimmt, wird schnell von der Ameise verurteilt.

Wenn du eine Ameise bist, geht der Großteil deiner Energie für Planung drauf. Statt im Moment zu sein, den Duft des Waldes zu genießen, wenn du spazieren gehst oder dein Essen, bist du damit beschäftigt, dir Gedanken und Sorgen zu machen. Die Ameisen unter uns drängen dem Gegenüber lieber ihre perfekt ausgearbeitete Strategie auf, statt mit ihnen in Gefühlskontakt zu sein: „Es ist doch gut, wenn alles durchdacht ist."

Aber du kannst nicht mit einem Fallschirm ins Leben springen. Es gibt keine Rüstung, mit der du durchs Feuer gehen kannst. Das Leben birgt Tücken in sich. Sei offen dafür. In jeder Tücke befindet sich eine Lehre, eine Herausforderung. Wenn du alles wegplanst und kontrollierst, wirst du nie etwas lernen.

Und vielleicht wenden sich Menschen von dir ab, weil es einfach nicht mehr aufregend ist, mit dir zusammen zu sein. Wie würde es dir gehen, wenn du jeden Abend, dreißig Jahre lang, von der Arbeit nach Hause kommst, dein Essen steht schon auf dem Tisch, dein Bett ist schon gemacht, und es steht bereits fest, was heute Abend im Fernsehen angeschaut wird?

Je weniger du planst, je mehr du dir erlaubst, unperfekt zu sein, desto weniger geht tatsächlich schief. Es ist eine Einstellungsfrage. So lange du an deinen Plänen festhältst und nach den Maßstäben bewertest, die daraus entstanden sind, desto enger wird dein innerer Raum, auch einmal etwas anderes zuzulassen. Doch je weniger du schon vorher weißt, was wie ablaufen soll, desto netter die Überraschung.

Probier doch einfach mal aus, deinen Partner über den Verlauf des Abends bestimmen zu lassen. Lass ihn entscheiden, was ihr esst und wie ihr eure Zeit gestaltet. Lehn dich zurück und genieße, dass er etwas für dich tut. Und wenn du einen Fussel auf dem Boden entdeckst – bleib sitzen!

Typisch Löwe: „Ich muss stark sein."
Oder: „Wer am lautesten brüllt, ist der Kleinste."

Wenn Löwen diesen Satz lesen, würden sie sagen „Das stimmt nicht!" Und in der Vehemenz, die sie dafür aufbringen würden, würdest du spüren, dass es doch stimmt. Für den Löwen ist es typisch, dass er keine Schwächen hat. Oder haben will. Der Löwe hat vergessen, dass er eigentlich eine Samtpfote ist. Seine Position als der König der Prärie hat ihm einen Thron verliehen, den er so schnell nicht wieder verlässt. Wenn du einem Löwen begegnest, stell dich drauf ein: Er wird so lange an dir herummanipulieren, bis er Recht hat und du im Unrecht bist. Entweder ist er subtil oder laut. Er wird die Strategie verwenden, die ihn bisher am weitesten gebracht hat.

Tief im Inneren aber spürt auch der Löwe genau, dass er an bestimmten Punkten einfach schwach ist – wie jeder andere Mensch. Doch er hatte an seiner Seite niemanden, der ihn gestützt hat. Also schuf er sich sein eigenes Korsett, das ihm Form verlieh. Aus tiefer Angst erhält er dieses Korsett nun aufrecht. Du siehst es als Rechthaberei, Sturheit, Machtgehabe. Der sehnlichste Wunsch des Löwen ist, wieder eine kleine Schmusekatze zu sein, doch seine unbewusste Befürchtung, er wäre dann zu verletzlich und ungeschützt, hält ihn davon ab.

Ein Löwe wird sich mit Menschen umgeben, die entweder genau das gleiche leben wie er, damit er sich austauschen kann, oder er wird Menschen um sich scharen, die seine Qualitäten zu schätzen wissen und sich bei ihm gerne anlehnen. Wenn der Löwe sein Programm abspielen will, sucht er sich ein Opfer und bearbeitet es so lange, bis es schwach wird. Ist sein Opfer anlehnungsbedürftig, stößt er auf Zuneigung und Vertrauen. Versucht er sein Spiel mit einem starken Gegenüber, kann daraus ein Kampf unter Rivalen werden.

Vordergründig leidet der Löwe, weil er immer die Schulter zum Anlehnen ist. Er wünscht sich angeblich, auch einmal schwach sein zu dürfen. Sein Ego liebt es jedoch, stark zu sein und lässt etwas anderes überhaupt nicht zu. Denn stark sein heißt auch, die Kontrolle zu haben.

Ein Löwe fragt nicht um Rat, es sei denn, er kennt bereits die Lösung. Er sieht sich als einziger in der Lage, den Therapeuten zu therapieren! Der Löwe sucht Bestätigung. Er will der Stärkere sein. Obwohl er Schwäche verurteilt, sucht er schwache Menschen, um stark dazustehen. Es ist, als vergifte er die Quelle, aus der er trinkt.

Wenn du ein Löwe bist, nimm dir Zeit, genau zu prüfen, wann du etwas brauchst. Und dann gib nicht, sondern nimm. Lehne dich an, genieße und wenn deine Angst kommt, dass du die Kontrolle verlierst, dann sei einfach offen damit. Sag: „Ich habe Angst, die Kontrolle zu verlieren." Und schau, was geschieht.

Der Knopfdruck macht's ...

Ich unterscheide zwischen „Reaktion" und „authentischer Aktion".
Das Wort „Reaktion" besteht aus zwei Teilen, re- und Aktion. Die
Handlung, die ausgeführt wird, ist also abhängig von der Handlung,
die vorausgegangen ist.

Ein Beispiel: Du stehst an der Kasse im Supermarkt und hast es
eilig. Dein Einkaufswagen ist voll gepackt, und du bist froh, wenn du
endlich weiterfahren kannst, weil noch eine Menge erledigt werden
muss. Hinter dir steht ein junger Mann, der nur zwei Teile in der
Hand hält, und bittet dich, ihn vorzulassen. Blitzschnell laufen zwei
widersprüchliche Gedanken in deinem Kopf ab: Du hast es eilig und
willst den Mann nicht vorlassen. Und: Du hast gelernt, höflich zu
sein und ja zu sagen. Dein Verstand baut nun eine Brücke, in dem
er dir sagt: „Zwei Teile gehen ganz schnell, du verlierst kaum Zeit."
Und darum lässt du den jungen Mann vor.

Deine Entscheidung ist zwar nachvollziehbar („zwei Teile gehen
ganz schnell") – aber entspricht sie auch dem, was du wirklich gewollt
hast? Sie war eine typische Reaktion auf eines deiner Glaubenssätze,
z. B. „Meine Bedürfnisse sind nicht so wichtig. Wichtiger sind die
der Anderen.". Das lässt sich daran fest machen, dass der Verstand
sich beruhigend („geht doch ganz schnell") dazwischen geschaltet hat.
Er verteidigt so seinen Glaubenssatz. Damit es keinen Ärger gibt, ist
er in diesem Fall beschwichtigend. Ich nenne das eine Re-Aktion,
weil er fast reflexartig auf die Situation reagiert. Statt authentisch zu
sagen: „Nein, ich möchte Sie nicht vorlassen" gibt es den Reflex, die
Reaktion „Ich bin unwichtiger und ich will nett sein, also sage ich
‚klar dürfen sie vorgehen'."

Ein Teil unseres Verstandes ist die Verkettung verschiedener Glaubenssysteme. Darum reagieren wir oft aus einem Glaubenssatz heraus. In dem Fall weiter oben hieß dieser Satz: „Ich bin unwichtiger
und will nett sein."

Spinnen wir die Szene weiter: Der junge Mann bezahlt mit Karte,
sie wird vom System nicht akzeptiert, es geht überhaupt nicht mehr
voran. Ein anderer Kassierer wird zu Hilfe gerufen – nichts. Der

Mann will bar bezahlen, hat aber nicht genügend Geld dabei. Die Minuten verstreichen. Der Kassiervorgang muss storniert werden, dazu ist die Hilfe einer anderen Kollegin notwendig, weil nur sie den Code kennt. Die Kollegin ist gerade zur Toilette ... Du kannst nicht wissen, ob zwei Teile schnell gehen.

Du baust deine Reaktion auf eine Erfahrung aus der Vergangenheit. Diese Erfahrung ist aber nicht auf die Gegenwart oder Zukunft übertragbar. Sie ist zu einem Glaubenssatz geworden, deine Antwort ist eine Reaktion, eine Wiederholung von etwas, das du schon einmal erfahren hast.

Wenn du das nächste Mal an der Kasse in der Schlange stehst und wieder gefragt wirst, ob du jemanden vorlassen könntest, wirst du die bereits erlebte Situation abrufen, vergleichen und daraufhin entscheiden. Wie wird deine Antwort ausfallen, wenn der junge Mann tatsächlich ein Problem mit seiner Karte gehabt hat? Und wie wirst du entscheiden, wenn alles problemlos lief?

Das ist nur eine alltägliche Situation. Ähnliches geschieht aber auch in Beziehungen – mit tiefgreifenden Auswirkungen. Nehmen wir an, du hast in der Vergangenheit gelernt, dass eine Liebesbeziehung zu haben bedeutet, keine Zeit mehr für sich selbst zu haben. Entweder hast du das bei deinen Eltern beobachtet oder du hast es selbst einmal so erlebt. Nun ist es völlig egal, wie dein Partner sich verhält, du kannst dir noch so oft einen neuen suchen – mit diesem Glaubenssatz wirst du nie Zeit für dich selbst haben. Weil du dir diese Zeit nicht nimmst oder sie nicht mit voller Präsenz erlebst. (Zum Thema Präsenz später noch mehr.) Ein Glaubenssystem sorgt dafür, dass sich Situationen wiederholen, denn das gibt Struktur und Sicherheit. Es ist wie eine Form, mit der du immer wieder die gleichen Kekse ausstechen kannst.

Du handelst in der Regel als Folge auf das, was du über dich, die Welt und deine Mitmenschen glaubst. Das ist oft eintönig und wird später sogar kraftlos. Es kann sogar dazu führen, dass du dich ausgebrannt und leer fühlst. Sobald du auf ein Gegenüber triffst, prasseln – wie oben beschrieben – blitzschnell viele verschiedene Eindrücke auf dich ein. Diese Eindrücke lösen eine unbewusste Kettenreaktion aus. Der Geruch oder das Aussehen verknüpfen sich mit einem Gefühl oder einer Erinnerung. Die Eindrücke und das Glaubenssystem über dich, die Welt und Andere sind die Zutaten für den Teig, aus dem die erste Reaktion auf dein Gegenüber gerührt ist – der „Reaktion auf Knopfdruck". Um im Bild zu bleiben: Du bist das Bedienfeld der Waschmaschine und dein Gegenüber wählt ein Programm und schaltet es ein.

Stell dir Folgendes vor:

Jemand sagt zu dir: „Wie geht es dir?" Was antwortest du? Was könntest du stattdessen sagen?

Im Bus fragt dich jemand „Entschuldigen Sie, könnten Sie Ihren Schirm da wegnehmen?" Was erwiderst du nun? Wie fühlst du dich, wenn die Person dir sympathisch ist? Wie fühlst du dich, wenn die Person dir unsympathisch ist?

Stell dir die Situation einfach vor und schreib deine Antworten auf. Sobald sich ähnliche Situationen im Alltag ergeben, notierst du, was du erlebt hast.

Jeder reagiert anders und fühlt auch etwas anderes. Der eine findet die Person eher unfreundlich, der andere freundlich und ein Dritter würde sagen, die Person sei ganz sachlich. Einige reagieren auf so eine Bitte mit Schuldgefühlen, du könntest aber auch wütend werden, gar nichts fühlen oder dich in die Person verlieben. Es gibt unendlich viele Möglichkeiten für eine erste Reaktion, aber egal wie du reagierst, du lieferst dir damit einen Hinweis auf dein inneres Glaubenssystem. Auch hier gibt es eine Vielzahl von Variationen und Abstufungen. Wichtig ist, die Reaktionen nicht zu beurteilen oder zu deuten. Deutungen führen im Sinne dieses Buches nirgendwo hin.

Zur Veranschaulichung komme ich noch einmal auf das Beispiel mit dem Schirm zurück und zeige, wie zwei Menschen mit jeweils unterschiedlichen Glaubenssätzen reagieren könnten.

Der Löwe würde sagen …

Der Löwe wird auf die Bitte mit Wut reagieren. Wahrscheinlich staucht er die Person im Bus zusammen und fordert ihn auf, gefälligst toleranter zu sein. Er kompensiert mit seinem Ausbruch das tief sitzende Gefühl, nicht mächtig, stark genug zu sein. Die Wut überdeckt dieses negative Gefühl, er muss es nicht wahrnehmen und überträgt es gleichzeitig auf die Person. Wodurch er sich selbstverständlich im Gegenzug wieder überlegen, stark und gut fühlt. Ob die Rechnung allerdings aufgeht, hängt nun von dem Anderen ab. Wenn diese Person im Bus ebenfalls ein Löwe-Typ ist und wütend kontert, kann das ganze ins Gegenteil umschlagen.

Das Kamel würde sagen …

Das Kamel ist betroffen, schließlich gibt es sich doch solche Mühe, dass es allen anderen gut geht. Gleichzeitig sieht es den Fehler bei sich. Die Person im Bus hätte vielleicht etwas netter sein können, aber da sich das Kamel schnell anpasst, verhält es sich, wie es von ihm erwartet wird. Selbst wenn die Bemerkung es unterschwellig wütend macht – es wird die Wut unterdrücken und durch sein eingeübtes Muster des Gefälligseins ersetzen. Auch dieser Typ ist abhängig vom weiteren Verhalten seines Gegenübers. Spürt dieses unbewusst die unterdrückte Wut, reagiert es womöglich darauf und der Wunsch des Kamels, zu gefallen, erfüllt sich nicht. Nur weiß das Kamel nicht, weshalb.

Eines wird hier bestimmt klar: Dir von einem Gegenüber die Knöpfe drücken zu lassen und alte Reaktionsmuster abzuspulen, entfernt dich von deiner Mitte. Nun kann man es nicht vermeiden, dass bestimmte Knöpfe gedrückt werden, genausowenig wie man Glaubenssätze einfach löschen kann. Aber selbst wenn deine Knöpfe gedrückt werden, kannst du dich authentisch verhalten. Du musst nicht deinem inneren Programm folgen. Denn es gibt noch eine andere Stimme – die deines Herzens – nach der du dich richten kannst. Oberflächlich betrachtet kann das ganz ähnlich aussehen. Doch du wirst dich ganz anders dabei fühlen. Später dazu mehr.

Der Hase würde sagen ...

Wahrscheinlich würde der Hase seinen Schirm ganz hektisch entfernen und dabei noch mindestens drei oder vier Mitfahrer im Bus damit streifen. Es gäbe ein Stimmengewirr und manche wären wütend: „Passen Sie doch auf!" Der Hase entschuldigt sich noch eben schnell bei den Mitfahrern und bekommt gar nicht mit, dass hinter ihm jemand steht, der zur Tür möchte, um gleich auszusteigen. „Selbstverständlich, selbstverständlich ..." entgegnet der Hase hastig, wenn er angesprochen wird, geht zur Seite und tritt dem nächsten auf die Füße. Und schließlich stellt er fest, dass er eigentlich auch hätte aussteigen müssen.

Die Ameise würde sagen ...

Erstmal würde sich die Ameise innerlich Selbstvorwürfe machen. „Wie konnte mir so etwas nur passieren?" fragt sie sich. Dann schaut sie dem Mitfahrer schuldig in die Augen und bittet um Verzeihung.

Auf der weiteren Fahrt wird sie sich hüten, aus dem Fenster zu schauen. Um Gottes Willen, das soll doch nicht noch einmal passieren! Sie überlegt, wie sie jetzt den Schirm am besten unterbringen kann, so dass er niemanden mehr stört. Rechtwinklig angeordnet, ganz an den Rand gedrängt, schiebt die Ameise den Schirm an die Seite, fixiert ihn mit dem Fuß und achtet dabei darauf, dass ihre Tasche nicht aus Versehen umfällt. Während sie damit beschäftigt ist und sich ihre Füße vor lauter Anstrengung anspannen, ihr Kreuz schon weh tut, grübelt sie, wie das nächstemal der Schirm von vornherein besser unter Kontrolle gehalten werden kann.

Was ist „unauthentisch"?

Unauthentizität ist Ausdruck einer Diskrepanz zwischen innerem Empfinden und äußerlich Sichtbarem: Es wird etwas anderes gefühlt als ausgedrückt wird und umgekehrt. „Innen" und „Außen" sind wie zwei fruchtbare Inseln, die durch eine tiefe Schlucht getrennt sind. Du brauchst eine Brücke, um sie miteinander zu verbinden. Bist du aber nicht wahrhaftig, bleibt die Schlucht oder wird sogar breiter.

Zunächst braucht man viel Energie, um überhaupt die Verbindung zwischen den beiden Inseln „Innen" und „Außen" zu kappen, die Schlucht zu graben. Du musst z. B. unterdrücken, was in dir vorgeht oder viel analysieren und dich deinen Erkenntnissen gemäß kontrolliert verhalten. Dein Glaubenssystem kann dir vormachen, dass du anders sein solltest als du bist, weil anders besser ist. Du lernst früh, dass es willkommene Emotionen wie Freude, Glück und Liebe gibt, die leichter, besser und beliebter machen, und unerwünschte Emotionen, die du aussperrst und durch Kontrolle unterdrückst oder mit coolen Sprüchen und Humor überdeckst. Bist du nicht authentisch, gibst du deinen vollkommen natürlichen Regungen keinen Raum mehr. Du lässt sie einfach nicht mehr zu. Du darfst nicht so sein wie du bist. Dadurch baut sich ein Druck in dir auf, Emotionen stauen sich auf, denn das Bedürfnis nach emotionalem Ausdruck wird nicht respektiert.

Da keine Verbindung zwischen den Inseln besteht, verlagert sich die Quelle deiner alltäglichen Handlungen vom Instinkt und Gefühl hin zum Denken und zur Logik. Du folgst nicht mehr deiner inneren Stimme und der dir innewohnenden Kraft, sondern einem Weg, der aus deinem Glaubenssystem heraus entstanden ist und deswegen nicht rein und klar ist – nicht sein kann. Deine Handlungen sind nun zwar unauthentisch, gleichzeitig empfindest du sie aber auch als beruhigend und sicher, denn sie sind berechenbar, ebenso wie das Ergebnis, zu dem sie führen. Es ist, als gäbe es tagein, tagaus Erbsensuppe – vielleicht ein bisschen eintönig, aber immerhin weißt du, dass sie satt macht und einigermaßen schmeckt. Du wirst zwar nie die fruchtige Frische von Orangen oder die milde Herbe von

Kamille erleben, aber was soll's, du weißt, was du an der Erbsensuppe hast! Kann sein, dass dir an irgendeinem Punkt in deinem Leben auffällt, wie schal das Essen schmeckt, wie langweilig es ist, wie wenig Erfüllung darin liegt, den immer gleichen Mustern zu folgen. Aber dein Glaubenssystem behauptet zu wissen, wie die Welt funktioniert. Kennst du keine Alternativen, wirst du bei deinen gewohnten Mustern bleiben.

Meine Klientin Sabine klagte in einer Sitzung über ihren Mann. Wann immer sie ihn fragte, wie es ihm gehe, wie er sich gerade fühle, antwortete er ihr: „Es ist alles super, ich bin vollkommen entspannt." Sie hatte jedoch ständig das Gefühl, dass die Beziehung immer dumpfer wurde. Wenn sie mit ihrem Mann in einem Raum war, fühlte sie sich, als sei sie von Watte umgeben. Es wurde zunehmend weniger miteinander gesprochen, es gab keine Aufs und Abs mehr und schon gar keine Emotionen. „Irgendwann muss mein Mann doch einmal unzufrieden sein", dachte sich Sabine. Stattdessen gab er immer wieder das gleiche von sich: „Ist doch alles in Ordnung." In solchen Menschen hat die Kluft die beiden Inseln „Innen" und „Außen" schier unüberbrückbar voneinander getrennt. Der Verstand hat sein Ziel erreicht. Alles ist für ihn in Ordnung.

Das, was du aus einer unauthentischen Reaktion heraus sagst, ist nicht mehr im Einklang mit deiner Seele. Die Insel des „inneren Zustandes" ruft der Insel des „äußeren Erscheinungsbildes" etwas zu. Vor deiner Konditionierung hat die Insel des „äußeren Erscheinungsbildes" die Botschaft der „inneren" Insel originalgetreu wiedergegeben. Je tiefer jedoch die Schlucht zwischen den beiden, desto verfremdeter ihre Worte und desto weniger hat das Gesagte mit deinem inneren Gefühl zu tun: Deine Worte und Taten geben nichts mehr von dir preis. Dadurch wirst du immer kraftloser und leerer. Deine Mimik ist kontrolliert, dein Gesicht wirkt starr und leblos, egal wie freundlich oder unfreundlich dein antrainiertes Gesicht ist. Deine Haltung ist verspannt und verbogen, dein Körper hat nur wenig Spielraum für den Ausdruck innerer Bewegung.

Wenn dein Inneres und dein Äußeres derart voneinander abgeschnitten sind, wird es schwierig, deine Mitmenschen zu erreichen.

Du ziehst dich zurück, verkümmerst und trennst dich allmählich von deiner Lebenskraft und dem Leben um dich herum.

Dein Herz sprechen lassen

Im Gegensatz zur Reaktion ist die authentische Aktion, also dein Herz agieren und sprechen lassen, nicht wiederholbar, sie ist stark und manchmal von körperlichen Gefühlen begleitet. Du fühlst dich kraftvoll und erfüllt. Insgesamt empfindest du es positiv, dein Herz sprechen zu lassen, auch wenn die authentische Handlung anfänglich nicht so wahrgenommen oder empfunden wird.

Eine authentische Aktion erwächst aus Langsamkeit und Bewusstheit. Du kannst sie nicht vorhersehen oder gar planen. Dein Handeln ist abhängig vom Moment, dem Hier und Jetzt, dem schmalen Grad zwischen Vergangenheit und Zukunft, zwischen dem, was gerade vorbei ist, und dem, was gleich kommen wird.

Ausgangspunkt der authentischen Aktion ist deine Intuition: was du fühlst, spürst, wahrnimmst. Nicht was du denkst. Dein Verstand hat bei einer authentischen Handlung keine Entscheidungsgewalt.

Versetze dich noch einmal in die Situation an der Supermarktkasse. Du wirst von einem jungen Mann gefragt, ob du ihn vorlassen könntest. Statt aus der Erinnerung heraus zu reagieren, eine Analyse der Umstände und Fakten zu erstellen – was tust du, wenn du in dieser Situation authentisch bist? Hier ein paar Vorschläge. Probiere sie das nächste Mal einfach aus:

Du schließt einen Moment die Augen, distanzierst dich von der Frage. Lass deine Gedanken einfach weiterkreisen, aber höre ihnen nicht zu. Welche Antwort ist in dir?

Du blickst dem jungen Mann in die Augen und nimmst einen tiefen Atemzug. Warte ein paar Sekunden, bevor du antwortest und sprich aus, was spontan in dir ist.

Richte deine Aufmerksamkeit auf deinen Körper, suche eine Stelle, zu der du guten Kontakt hast, z. B. deinen Bauch. Macht es deinem Bauch Freude, den jungen Mann vorzulassen? Oder wird es dort eng und angespannt?

Es braucht nur wenig, um nicht dem Verstand zu folgen, sondern die Aufmerksamkeit auf deine Intuition, dein Gefühl zu richten und damit Wahrhaftigkeit zu ermöglichen. Wie fällt deine Antwort wahrscheinlich aus? Und was fällt dir daran auf?

Es spielt keine Rolle, ob du aus der Intuition heraus das gleiche antwortest wie aus dem Verstand heraus oder nicht. Es gibt kein Richtig oder Falsch. Vielleicht passt deine Antwort nicht zu deinem Glaubenssatz, immer nett und freundlich sein zu müssen. Entscheidend ist: Bist du mutig genug, aus deinem Reaktionsmuster auszubrechen und eine authentische Antwort zu geben? Denn Mut braucht es. Authentisch zu handeln ist nämlich immer dann beängstigend, wenn die Handlung nicht dem Glaubenssystem entspricht.

Stellen wir uns vor, du entgegnest dem jungen Mann ein Nein, erfüllst also nicht seine Bitte, auch wenn es noch so kleinlich wirken mag. Deine Handlung ist in diesem Moment authentisch. Aber sie steht im Widerspruch zu deinem Glaubenssatz „ich muss immer nett und freundlich sein". Was passiert dann?

Der junge Mann ist entrüstet und reagiert sehr unhöflich (beachte: er re-agiert! Wenn auf Authentizität Unfreundlichkeit folgt, ist der andere seinem Glaubenssystem gefolgt).

Der junge Mann ist verblüfft, aber er akzeptiert deine Antwort und reagiert nicht. Vielleicht hat er die Kraft deiner Aussage gespürt und sie hat seine eigene Kraft berührt, so dass er nicht reagieren möchte.

Der junge Mann ist erstaunt über dich und deine Klarheit. Er spürt, dass du das, was du in dir trägst, auch nach außen bringst und somit „eins mit dir" bist. Du erweckst sein Vertrauen.

Welche Reaktion erwartet dein Glaubenssystem von dem jungen Mann? Egal, wie deine Antwort ausfällt, beobachte dich: Was denkst du über andere? Über den jungen Mann?

Eine authentische Aktion ist nicht wiederholbar. Wenn du das nächste Mal an der Kasse gebeten wirst, jemanden vorzulassen, handelst du womöglich anders. Interessant wird es, wenn Reaktion und authentische Aktion die gleiche Antwort hervorbringen, du also „Ja" gesagt hättest.

Wo liegt der Unterschied? Du wirst es herausfinden. Das Buch liefert einige Antworten. Außerdem wirst du dich auch in solchen

Situationen wiederfinden und kannst dich beobachten. Wenn du deine Persönlichkeit entwickeln und in deine Mitte finden willst, wird dir eine vorgefertigte Antwort von mir nicht weiterhelfen. Die Aufgabe heißt, immer wieder beobachten, nachspüren, prüfen, was deine Wahrheit ist.

Besonders stark und nachhaltig wirkt das in Situationen mit deinen Eltern. Du musst deine Übungen und Selbstbeobachtungen nicht unbedingt damit beginnen. Übe erst mit Freunden, deinem Partner, deinen Kindern. Wenn du erfahrener bist und dich stabiler fühlst, übe weiter mit Eltern und Schwiegereltern.

Die Suche nach der eigenen Mitte beginnt mit dem Erkennen der eigenen Glaubenssysteme. Diese Erkenntnis wird in dir den Wunsch wecken, deine Mitte zu finden. Wenn du spürst, was sich in dir, deinem Körper, abspielt, wirst du den Weg finden.

Teil 2

Der Kompass
für echte Begegnung

Die vier Himmelsrichtungen

Bevor du die Begegnung mit anderen suchst, ist es wichtig, mit dir selbst in Kontakt zu sein. Dafür ist es hilfreich, vier Qualitäten zu entwickeln, die dir dein inneres Erleben zugänglich machen. Denn nur wenn du Zugang zu dir selbst hast, kannst du auch andere an dir Teil haben lassen; nur dann kann sich eine dynamische und authentische Beziehung entwickeln. Ähnlich wie die vier Himmelsrichtungen stehen die vier Qualitäten in Bezug zueinander. Sie bedingen sich gegenseitig und gehen ineinander über. Egal, an welchem Punkt du stehst – die Himmelsrichtungen umgeben dich. Selbst wenn du lange in eine der vier Richtungen gehst und sozusagen den Erdball immer in dieser Richtung umkreist, hast du trotzdem die anderen Himmelsrichtungen um dich herum. Genauso wie Norden, Osten, Süden und Westen dir helfen, dich auf der Erde zu orientieren, geben dir die vier Qualitäten eine Richtung vor, die zu deiner ursprünglichen Kraft führt und damit zu deiner inneren Wahrheit.

Erste Voraussetzung – die Qualität des Nordens: Ich bin in meinem Körper.
    Spürst du deinen Körper?
    Gibst du ihm, was er braucht?

Zweite Voraussetzung – die Qualität des Ostens: Ich suche aufrichtige Begegnungen.
    Forderst du Begegnung ein?
    Teilst du deinen Wunsch nach Nähe mit?

Dritte Voraussetzung – die Qualität des Südens: Ich liebe ohne auszugrenzen.
    Darf das, was du ablehnst, Teil von dir sein?
    Darf dein Gegenüber sein wie es ist?

Vierte Voraussetzung – die Qualität des Westens: Ich akzeptiere Chaos.

Darf dein Leben in Bewegung sein?
Wie wichtig ist Kontrolle für dich?

Keine Angst! Du musst das nicht auswendig lernen oder dir von nun an die ganze Zeit Fragen stellen! Die Fülle an Gedanken, Informationen und Eindrücken, die uns jeden Tag überflutet, macht es manchmal schwer, sich auf sich selbst, auf die eigenen Bedürfnisse zu besinnen. Dieser Teil des Buches lädt dich ein, achtsam zu sein mit dir und deiner Umwelt. Wenn du dich verloren fühlst und entfremdet, kannst du das Buch nehmen und dich damit jederzeit selbst zu dir zurückführen. Die Übungen der nächsten Kapitel unterstützen dich auf deinem Weg zu dir und ebnen den Weg zu wahrhaftigen Begegnungen mit anderen. Je mehr du übst und die direkte Wirkung im Kontakt erfährst, desto mehr Raum gibst du den vier Qualitäten, in dir zu wachsen und reifen und Bestandteil deines Wesens und Ausdrucks zu werden. Du wirst entdecken, dass in ihnen etwas Vertrautes liegt, denn du kehrst zu deiner wahren Natur zurück.

Norden: Ich bin in meinem Körper

Keine sichtbare Bewegung im Norden
Dennoch bewegt
Einfach da
Beteiligter und Außenstehender zugleich

In deinem Körper zu sein heißt, dass du Zeuge bist sowohl für das, was in deiner Seele, als auch für das, was in deinem Körper vorgeht. Als Zeuge willst du weder verstehen noch analysieren oder urteilen. Deine Beobachtungen können ganz unterschiedlich sein – die simple Wahrnehmung von Verdauungsbewegungen und -geräuschen, oder Enge- oder Angstgefühlen an bestimmten Stellen, beispielsweise im Bauch- oder im Brustraum. Auch Glücksgefühle und Liebe finden im Körper ihren Platz. Je mehr du deinen Körper spürst und je offener du für diese Zustände bist, desto präsenter bist du in deinem Körper.

Du könntest jetzt sagen: „Ich bin doch präsent, sonst würde ich nicht leben." Und das stimmt auch. Die meisten Menschen sind jedoch nur oberhalb ihres Halses präsent, im Kopf. Sie denken viel, bewegen sich starr innerhalb des eigenen Weltbildes und meinen, dass die eigenen Gefühle und Projektionen das Einzige sind, das Leben ausmacht. So werden bestimmte Empfindungen ausgegrenzt, die zum Leben dazugehören. Und erst wenn du alle Möglichkeiten deines inneren Erlebens ausschöpfst, wird dein Leben erfüllt und glücklich.

Kennst du das Gefühl nach einem üppigen Essen? Die meisten Menschen fühlen sich mit vollem Bauch schwer, müde, schlapp. Das liegt unter anderem daran, dass Magen und Darm nach dem Essen alle Aufmerksamkeit, reichlich Blut und Energie für sich beanspruchen, um die Speisen verdauen zu können. Die Leistungsfähigkeit anderer Körperfunktionen wird reduziert. Das ist eine natürliche Sache. Diese Art der Energieverteilung findet ebenso statt bei dem Gegenspiel zweier unterschiedlicher Teile von dir: Dem Verstand und dem Körperbewusstsein, das es dir ermöglicht, deinen Körper „von innen" wahrzunehmen. Das heißt, wenn du mit Denken beschäftigt bist, richtet sich der Fokus der Energie auf das Denken. Das ist oft sinnvoll, wenn du arbeitest oder deinen Tagesablauf planst. Denken schafft eine Struktur, die Sicherheit gibt.

Und genauso, wie es oft sinnvoll ist zu denken, gibt es auch Momente, in denen diese Hirnfunktion stört, z. B. im authentischen zwischenmenschlichen Kontakt. Damit der gelingt, muss die Aufmerksamkeit vom Verstand zurück in den Körper gelenkt werden. Es geht dabei um die körperlich spürbaren Gefühle. Ich nenne sie auch Körpersensationen bzw. Körperempfindungen.

Das Leben hat so viel mehr zu bieten als nur das, was du bisher kennst! Lass uns zusammen auf Entdeckungsreise gehen! Energie im Körper bewusst zu lenken, schenkt mehr Erfüllung, als es der Verstand oder das Außen jemals könnte.

Präsent zu sein heißt letztendlich nicht mehr, als das Denken nicht über den Körper zu stellen. Beides hat seine Berechtigung. Du denkst, um Struktur und Ordnung zu schaffen. Und du nimmst deinen Körper wahr, wenn es um Glück, Erfüllung, Liebe, Beziehung und das Mysteriums des Lebens geht. Denken und Körperempfindungen existieren gleichzeitig und parallel zueinander, wobei das Denken desto mehr in den Hintergrund rückt, je präsenter du bist.

Übung:
Erlaube dir, deinen Körper wahrzunehmen

Schließ die Augen und lausche deinem Atem.

Spürst du, wie die Luft durch deine Nase ein- und ausströmt?
Wenn du deine Aufmerksamkeit weiter nach unten lenkst, wo nimmst du dann etwas wahr?
Ist das, was du dort wahrnimmst, eher eng oder weit?
Eher warm oder kalt?
Eher bewegt oder still?
Könnte es sich ausbreiten, wenn du damit einverstanden wärst?
Wenn du erlaubst, dass es sich ausbreitet, wohin breitet es sich dann zunächst aus?

Leg jetzt beide Hände auf die Beine oder Füße, sodass es für dich angenehm ist.

Kannst du gleichzeitig deine Füße spüren und den Atemfluss wahrnehmen?

Wie verändert sich dein inneres Empfinden, wenn du gleichzeitig Aufmerksamkeit in deine Füße lenkst?

Der Weg in deine Mitte beginnt damit, präsent zu sein – zu fühlen, was innen ist.

Als Nächstes geht es darum, das, was du entdeckt hast, anzuerkennen, auch wenn es fremd oder unangenehm ist. Das heißt nicht, dass du es resigniert hinnehmen musst. „Anerkennen" meint, dich und deine Wahrnehmung zu respektieren. Dass alles, was in dir ist, einen Sinn hat. Zu dir gehört. Anerkennen heißt auch, dass du es respektierst, wenn dir dieser Sinn (noch) verborgen ist. Du hast die Bereitschaft, zuzulassen, was in dir vorgeht. Du vertraust darauf, dass das Leben es gut mit dir meint.

Authentisch wirst du, wenn du im Kontakt mit einem Gegenüber mit deinem inneren Erleben verbunden bleibst und dich dem Anderen ohne Maske zeigst. Alles, was da ist, wird offenbart. Nur wenn du deine Konditionierung vollkommen loslässt, wenn du deinen Ängsten darüber, was geschieht, wenn man dich sieht, kein Gewicht gibst. Vielleicht glaubst du, dass es dich verletzlich oder angreifbar macht und dass das schlecht für dich ist. Oder du hast Angst, ausgenutzt zu werden. Solche Glaubenssätze verhindern Authentizität, wenn du ihnen erlaubst, zu verbergen, was du in diesem Moment in dir vorfindest. Denn alles, was jetzt da ist, ist authentisch und wichtig für wahrhaftigen Kontakt. Vertraust du der Existenz, verlieren die alten Glaubenssätze an Kraft und werden bedeutungslos.

Kein Gefühl dauert ewig. Dein inneres Erleben ist im Fluss. Es ist wie eine Quelle, aus der ständig Neues sprudelt. Deswegen ist der Ausdruck deiner Präsenz und der daraus entstehenden Authentizität in jeder Sekunde neu. Er kreiert sich sozusagen jedes Mal aus sich selbst und aus dem Jetzt heraus.

In einer Beratungssitzung mit Stefan zeigte sich sehr deutlich, dass sich Gefühle verändern, sobald sie zugelassen werden. Seine Mutter war vor kurzem gestorben, und er erzählte mir davon. Dabei weinte er. Er gab sich die Erlaubnis, dieses Weinen einfach geschehen zu lassen und ihm eine Weile Raum zu geben. Es ist ganz natürlich zu weinen, wenn ein nahestehender Mensch stirbt. Stefan nahm seine Trauer in dieser Sitzung so ernst, wie sie es verdient hatte, indem er sie zeigte und ausdrückte. Nach einer Weile stieg Verzweiflung in ihm auf. An diesem Punkt hakte sein Glaubenssystem ein: Ohne seine Mutter sei er völlig hilflos. Kurz schenkten wir dem aufsteigenden Glaubenssatz Aufmerksamkeit, um es ihm bewusst zu machen. Aber bevor er sich darin verlor, lenkte ich seine Aufmerksamkeit in den Körper. Überrascht stellte er fest, dass ihn das Weinen erleichtert hatte. Durch die Unterstützung, präsent zu bleiben, konnte er offen für den Moment bleiben und dafür, was in diesem Moment in ihm vorging.

Wenn du offen bleibst für den Moment und deine Achtsamkeit in den Körper lenkst, wirst du es selbst erfahren: Du nimmst eine neue Regung wahr, so wie es bei Stefan der Fall war. Durch das Weinen löste sich die Trauer, danach empfand er Erleichterung.

Nun galt es, der Erleichterung Raum zu geben. Das gelang Stefan einige Sekunden lang, aber dann meinte er: „Aber das darf ich doch nicht … meine Mutter ist doch gestorben." Er verurteilte sich selbst dafür, sich erleichtert zu fühlen. Solche Urteile fällt der Verstand, sie sind Teil des Glaubenssystems. Sie sind konstruiert und nicht real. Ich fragte ihn, wer ihm sagte, dass er sich nicht erleichtert fühlen dürfe, und er antwortete nach einigem Zögern, dass er es selbst sei, der ihm dieses Verbot auferlege. Ich leitete seine Aufmerksamkeit wieder zu seinen Empfindungen und fragte, wie es sich anfühlt, zu wissen, dass er es selbst sei, der sich die Erleichterung verbietet. Er war zunächst verwirrt und spürte dann wieder Erleichterung und fühlte sich freier und weiter.

Wenn du so mit den Empfindungen des Körpers umgehst, spürst du mit der Zeit immer besser, was gut für dich ist. Du gibst einer Empfindung dankbar Raum und öffnest dich für das, was als nächstes an der Reihe ist. Vielleicht heißt du dein Gefühl wie einen Freund willkommen. Und wenn dieser Freund wieder gehen möchte, lässt du ihn ziehen und wendest dich wieder anderen Dingen zu. Dann besucht dich Erleichterung. Und du freust dich, dass es sich so anfühlt.

In dem Beispiel war es nur der Verstand, der die neu gewonnene Freude nicht annehmen wollte. Der Verstand hält fest, während das Leben in seinem Fluss Dinge hinter sich lässt. Bist du in deinem Körper, dann bist du in Kontakt mit dem Leben, du bist offen, die Bewegungen im Inneren zuzulassen und ihnen zu folgen. So bleibst du im Moment und bist authentisch.

Wahrscheinlich ist dir aufgefallen, dass authentisches Handeln nicht kalkulierbar ist. Ähnlich wie Wasser fließt es frei. Es nährt, bringt Samen zum Keimen und spült andere Dinge fort. Der Authentizität wohnt die gleiche transformatorische Kraft inne wie dem Wasser. Du weißt nicht im Voraus, wie diese Kraft ihre Wirkung entfalten wird, an welche Punkte sie andockt und an welcher Stelle sie Veränderung bewirkt. Nur im Nachhinein kannst du zurückblicken und verstehen, was geschehen ist.

Übung:
Authentische Bewegung – Gesichtszüge und Körper lockern

Diese Übung kannst du ganz leicht in deinen Alltag integrieren. Lass dich auf den Prozess ein, und bald wirst du lernen, dich nicht mehr gewaltsam in eine innere oder äußere Haltung zu pressen, die nicht deine ist. Stattdessen lässt du die innere, freie Bewegung der Empfindungen zu, denn deine Seele ist wie ein Fluss.

Stell dir ein künstliches Flussbett vor, dass kein Leben zulässt, weder im Wasser, noch am Ufer. Genauso verhindert eine starre, gezwungene Körperhaltung Leben in dir. Möchtest du in ein solches künstliches Flussbett aus Beton gepresst werden?

Jetzt stellst du dir einen natürlichen Bachlauf vor. Manchmal fließt er langsamer, manchmal kraftvoller und schneller. Es gibt Wasserfälle und ruhige Stellen. Gelegentlich gibt es Steine, die er umfließt, und Kurven, durch die er sich hindurch schlängelt. Überall ist Leben in ihm und um ihn herum. Dieser Fluss kann deine innere Realität werden.

Lass, während du diesen Text liest, den Körper und die Gesichtszüge „entgleisen". Die äußere Entgleisung bewirkt gleichzeitig ein inneres natürliches Fließen. Wenn du den Körper locker lässt, gestattest du dem Fluß, frei zu fließen und lässt Gefühle körperlich zu. Du entspannst dich. Alles in dir kann sich so bewegen, wie es gerade richtig ist. Du hörst auf zu kontrollieren. Du dehnst dich aus, nimmst dich wahr und wirst von Anderen gesehen. So, wie du wirklich bist.

Im Alltag stellst du dich einfach einen Moment lang hin, die Füße etwa schulterbreit auseinander. Die Knie sind nicht durchgedrückt. Lass Schultern, Hände, Kinn locker. Schüttle die Körperteile, in denen du Verspannungen wahrnimmst. Du wirst staunen, wie leicht man sich durch bloßes Schütteln entspannen kann!
Wenn in dir eine Bewegung entsteht, dann folge ihr. Vielleicht willst du dich hinknien oder einzelne Glieder drehen. Du darfst dich strecken und dehnen, Arme und Beine anwinkeln – dein innerer

Fluss gibt dir die Richtung. Manche spielen mit ihren Händen oder schwingen hin- und her. Wie fühlt sie sich an, diese Erlaubnis zu jeder Art von Bewegung? Und wie ist es, wenn du dazu sogar nach Lust und Laune Töne und Laute machen darfst?

Folge jeden Tag zwei bis dreimal jeweils drei Minuten der Bewegung des inneren Flusses, dessen Flussbett dein Körper ist!

Osten: Ich suche aufrichtige Begegnungen

Beginn des Weges
Die Sonne zeigt ihr Gesicht
Immer vollkommen und wahrhaftig,
Sie wird alles andere zum Leuchten bringen

Wenn es darum geht, Zugang zur eigenen Mitte zu finden und achtsamer mit sich selbst umzugehen, haben wir vielleicht Angst, dass wir uns dadurch von anderen Menschen entfremden. Tatsächlich ist das Gegenteil der Fall: Wer mit seinem Inneren verbunden ist, nimmt auch – und ganz besonders – am Leben seiner Mitmenschen teil, aber eben ohne sich selbst dabei zu vergessen.

Um in echtem, aufrichtigem Kontakt zu anderen Menschen zu stehen, ist es wichtig, vorher Zugang zu seiner eigenen Mitte gefunden zu haben. Der nächste wichtige Schritt ist, einverstanden damit zu sein, eine sogenannte Beziehung einzugehen. Das Wort „Beziehung" ist im heutigen Sprachgebrauch eher Indikator für intime Partnerschaft als für das, was es wirklich benennt: Das Wort „Beziehung" deutet eigentlich darauf hin, dass eine Person in Bezug zu einer anderen Person steht. Eine Beziehung erfordert mindestens zwei Beteiligte, die in Kontakt miteinander stehen. Bei Freunden ist es so. Eine Freundschaft stellt an die Beteiligten bestimmte Anforderungen. Gegenseitige Zuneigung und Ehrlichkeit könnten solche Anforderungen sein. Oder nimm die Beziehung zwischen Arbeitskollegen. Auch in einem Unternehmen gibt es verschiedene Beziehungen, wie das Verhältnis zwischen Chef und Angestellten. Die Kollegen verhalten sich in diesen Beziehungen entsprechend ihrer Positionen im Unternehmen.

In diesem Buch wird Beziehung zwischen zwei Menschen als ein gegenseitiges Sich-Wahrnehmen, ein gegenseitiges Sich-Einbeziehen, und ein gegenseitiges Sich-Öffnen verstanden.

Nicht nur echter Kontakt kann eine aufrichtige Handlung sein, sondern ebenso auch Rückzug. Nutze ihn, um Zugang zu dir selbst zu finden, um dann gestärkt und selbstverbunden wieder in Kontakt mit anderen zu treten. Das Alleinsein ist Teil des Schaffungsprozesses echter Begegnungen. Dieses Kapitel will dir zeigen, wie wichtig es ist, echten Kontakt zu anderen Menschen zu haben. Mit echtem Kontakt ist das gleichzeitige In-Kontakt-Sein mit sich selbst und mit dem anderen gemeint. Die Grundvoraussetzung für echten Kontakt ist dein Einverständnis damit, Beziehungen mit anderen Menschen einzugehen. Um mit unseren Mitmenschen in Kontakt treten zu können, stehen uns Möglichkeiten zur Verfügung, die bewusst eingesetzt werden können:

die Berührung

der Blick

das Sprechen

das Zuhören

Jedes dieser Kontaktmittel ist Tor für die Impulse der uns umgebenden Welt und Tor für unsere Innere Welt, sich nach außen hin zu offenbaren.

Du nimmst Eindrücke aus der Umwelt auf und entscheidest, wie weit du ihre Wirkung auf dich zulassen möchtest. Das beeinflusst dein inneres Empfinden. Kontakt kann ganz unterschiedliche Auswirkungen haben. So kann es sein, dass du einem Fremden begegnest und dich seine Anwesenheit mehr bewegt als die eines Bekannten, den du am gleichen Tag getroffen hast. Vielleicht wirst du durch diesen Kontakt traurig oder bekommst Sehnsucht nach einer bestimmten Person. Oder es keimt ein Glücksgefühl in dir auf. An manchen Tagen bist du offener für solche Empfindungen und an anderen Tagen distanzierter. Manche Menschen lösen etwas in dir aus, andere nicht. Es ist eine Frage der gegenseitigen Offenheit und der eigenen Bereitschaft, bei einem Kontakt bestimmte Empfindungen zuzulassen.

Genauso wie du dich in der Kommunikation öffnest und einen anderen Menschen in dir Empfindungen hervorrufen lässt, öffnest du dich, um dein Inneres der Außenwelt zu zeigen. Dein Inneres wird den anderen Menschen auf eine bestimmte Weise erreichen und bewegen.

Dieses Buch legt einen besonderen Fokus auf die Sprache als Mittel des Kontakts und der Kommunikation. Sie ermöglicht uns, präzise zu formulieren und dadurch gezielt zu informieren. An dieser Stelle verweise ich auf die Sprachmodelle der Hypnotherapie von Milton Erickson und auf die Kommunikationsmodelle nach Eric Berne aus der Transaktionsanalyse. Du kannst aber auch nur mit dem, was ich dir in diesem Buch anbiete, lernen, echte Begegnungen zu erfahren.

Nun möchte ich dir einige Hinweise ans Herz legen, die du im Hinterkopf behalten kannst, wenn du echten Kontakt suchst.

Erstens: Es gibt keine perfekte Kommunikation. Kommunikation ist stets im Wandel und hängt von deinem inneren Zustand und Wachstum ab. Sei also dem Moment gegenüber offen und lass die Kommunikation fließen, egal ob du sie als gut oder schlecht empfindest. Wenn du nämlich während der Kommunikation die ganze Zeit überlegst, wie sie sein sollte, bist du so mit einer Idealvorstellung beschäftigt dass du die Kommunikation gemäß deiner Vorstellung kontrollierst. In deinem Körper arbeitet dann nur noch der Kopf, der Rest, die Gefühle oder das Herz, kann in die Kommunikation nicht mehr einfließen. Deine Worte sind leer, und dein Kommunikationspartner wird müde, taub oder vielleicht sogar genervt, weil er in deinen Worten keinen Inhalt und Sinn erkennen kann. Gib dir also keine Mühe, perfekt zu sein, sondern trag dein Herz auf der Zunge.

Zweitens: Drücke dich möglichst klar aus. So kann dein Gesprächspartner schneller verstehen, was du ihm vermitteln möchtest. Du kommst schneller zum Ziel.

Drittens: Sprache ist das wohl kraftvollste und effektivste Mittel, um bewusst echte Kommunikation herzustellen. Mit ihrer Hilfe kann man leicht Kontakt zu anderen Menschen aufnehmen. Außerdem ist ihre Wirkung vielfältig. Worte können bei verschiedenen Menschen unterschiedliche Assoziationen und Emotionen hervorrufen. Es ist also wichtig, bewusst mit Sprache umzugehen, um sie richtig und effektiv einzusetzen. Zu meiner Freundin Britta sagte ich einmal, als ich sie beim Einkaufen traf: „Es tut mir leid, dass ich so wenig Zeit mit dir verbringe, aber ich fühle mich gerade nicht im Stande, außerhalb meiner Arbeit noch etwas zu unternehmen." Britta antwortete: „Macht doch nichts. Wenn du wieder Zeit hast, gehen wir mal zusammen aus, und dann erzählst du mir alles." In der gleichen Lebensphase sagte ich einem engen Freund, Thilo, das gleiche. Daraufhin zog er ein beleidigtes Gesicht und schien sich zurückgesetzt zu fühlen. Er kommentierte meine Aussage: „Du solltest dir überlegen, was dir wichtiger ist, unsere Freundschaft oder dein Job."

Wenn du echte, aufrichtige Kommunikation betreiben möchtest, ist das Wichtigste jedoch, dass du mit deinem Inneren verbunden bist, und dass deine Sprache das wiedergibt, was du im Inneren fühlst. Ich möchte diese Art von Sprache in diesem Buch „verbundene Sprache" nennen. Das Gegenteil dieser echten, verbundenen Sprache ist die „unverbundene Sprache", die dein Inneres nicht vollständig oder gar nicht wiedergibt. Wenn du dich zu sehr von Gedanken leiten lässt, wie von der schon erwähnten Idealvorstellung einer perfekten Kommunikation. Die unverbundene Sprache verhindert echten Kontakt zwischen dir und deinem Gegenüber. Sie bleibt auf der Sachebene und erzeugt nur wenig Bindung. Sie kommt allein vom Kopf. Sprichst du in unverbundener Sprache, erreichen deine Worte auch nur den Kopf deines Kommunikationspartners – wenn überhaupt. Das, was du sagst, hat eine sachliche Wirkung. Die Begegnung zwischen dir und dem anderen bleibt flüchtig, fast rein akustisch. Sie wird weder dir noch dem anderen Erfüllung bringen. Oberflächlich betrachtet hat eine solche Kommunikation keinen Einfluss auf die Beziehung der beiden Gesprächspartner. Im Endeffekt wird eine solche Kommunikation als langweilig, nervtötend und anstrengend empfunden. Es kann im Extremfall sogar passieren, dass dein Gegenüber vermeidet, ein weiteres Mal mit dir zu kommunizieren.

Eine unverbundene Kommunikation geht so: Herbert fragt: „Wie geht's?" Dieter entgegnet: „Gut. Und Dir?" Herbert erwidert: „Auch, danke. Wie läuft das Geschäft?" Dieter antwortet: „Ist ruhig im Moment. Aber das ist es im Herbst immer." Herbert meint daraufhin:

„Bei meinem Nachbarn ist es auch ruhig. Die Erhöhung der Mehrwertsteuer macht es auch nicht leichter."

Wer mit unverbundener Sprache spricht, will Fakten austauschen. Benutzt man sie innerhalb einer Situation, in der es eher darum geht, eine Bindung aufzubauen oder zu erhalten, heißt das, dass man unbewusst Macht aufrechterhalten, stark sein und Recht haben möchte: Wer nichts von sich preisgibt, kann auch nicht angegriffen werden. Es ist leichter, Kontrolle zu bewahren und zu vermeiden, dass der Kommunikationspartner Kontrolle über einen gewinnt. Unverbundene Sprache kann also echten Kontakt auf keinen Fall zulassen.

Zugegebenermaßen ist es für Ungeübte nicht leicht, die Unterscheidung zu treffen, wann sie selbst und wann der Kommunikationspartner verbunden oder unverbunden sprechen.

Voraussetzung für eine wahre, verbundene Sprache, die ausdrückt, was in dir wirklich vorgeht, ist deine Präsenz in der Kommunikation. Stell dir vor, das Gespräch zwischen Herbert und Dieter wäre folgendermaßen verlaufen:

Herbert fragt: „Wie geht's? Dieter möchte wissen: „Willst du das wirklich wissen?" Herbert entgegnet: „Klar, wenn du drüber sprechen möchtest." Dieter ist so ehrlich und sagt: „Ich habe Schwierigkeiten mit …"

Wenn du mit verbundener Sprache sprichst, lernt dein Gesprächspartner dich kennen. Er kann erkennen, was dich als Mensch ausmacht, was dich beschäftigt, was du fühlst. Dafür müssen deine Worte mit deinem Inneren verbundenen sein. Betreibst du echte Kommunikation, wirst du darin wahrscheinlich früher oder später ein Schema erkennen, nach dem die Kontaktaufnahme immer wieder abläuft. Man könnte es folgendermaßen beschreiben:

1. Du wünschst dir, dass deine Bedürfnisse befriedigt werden, Rückzug, Nähe, Glück zu fühlen oder einen erfüllten Kontakt zu einer Person.

2. Du suchst die passenden Worte, die dich der Erfüllung des Wunsches näher bringen sollen, und findest sie schließlich.

3. Du suchst nach der Person, für die diese Worte wirklich bestimmt sind.

4. Du bringst den Mut auf, diese Worte an die richtige Person zu richten und sprichst sie schließlich an.

5. Du bist offen für die Wirkung, die das Aussprechen der Worte an die richtige Person hat.

6. Die Wirkung führt zu mehr innerer Klarheit in dir, du entdeckst neue Bedürfnisse und neue Worte. Hier beginnt ein neuer Kreislauf.

Ich schildere dir eine Situation, in der ich echten Kontakt hergestellt habe: Eine Frau kam zu mir, und es fiel mir zunächst schwer herauszufinden, was ihr Anliegen war.

Sie sprach von Problemen mit dem Sohn, mit ihrem Mann, mit der Arbeit, und überhaupt fühlte sich alles schlecht an. Das einzige, was ich empfand, war Verwirrung. „Ich fühle mich verwirrt, wenn ich deine Schilderung höre", warf ich in den Raum. Daraufhin stockte die Frau und sah mich an. Zwischen uns passierte etwas. Meine Wahrnehmung von ihr veränderte sich: Sie war etwas klarer zu sehen. Zunächst stieg Angst in mir auf, die sich dann in ein positives Gefühl verwandelte. Nach kurzer Zeit unterbrach sie das Schweigen. „Ich bin auch verwirrt", sagte sie und begann zu weinen. Schließlich stellte sich heraus, dass sie sich in einen Kollegen verliebt hatte, sich schämte und einen Rat brauchte.

Dieses Ereignis soll zeigen, dass es manchmal notwendig ist, die Initiative zu ergreifen, um echte Kommunikation herzustellen. Wenn du merkst, du verstehst dein Gegenüber nicht, weil die Person mit unverbundener Sprache zu dir spricht, dann öffne dich, sag ihr, was du in deinem Inneren fühlst. Wahrscheinlich wird auch sie sich öffnen, wie in diesem Beispiel, und echter Kontakt entsteht.

Dieses Phänomen nenne ich in diesem Buch „Berührung des Herzens". Du sprichst aus, was du empfindest, und berührst damit das Herz deines Gegenübers.

Beobachte in einem ersten Schritt einfach, was in einer Kommunikationssituation in dir vorgeht. Mach dich frei von Urteilen und dem Gedanken, dass deine inneren Empfindungen vielleicht unangebracht sein könnten. Nimm wahr, was du fühlst, ohne es zu kontrollieren. Und wenn du denkst, dass dein Inneres dazu beitragen könnte, Kontakt zu deinem Gegenüber herzustellen, sprich es aus. Versuche, so präzise wie möglich zu sein. Sag, wie es ist, und steh dazu. Aber setz dich nicht unter Druck, wenn du die passenden Worte nicht findest.

Als ich während einer Fortbildung mit einem Kollegen am Mittagstisch saß, erzählte er mir etwas aus seinem Leben. Sein Monolog nervte mich. Ich hörte in mich hinein, wollte meine Gereiztheit verstehen. Als ich nichts entdeckte, schaute ich über die Gereiztheit hinaus, so als sei sie eine Mauer, über die man hinausschauen kann. Ich suchte Kontakt zu mir, und es wurde ruhiger in meinem Körper. Ich war nicht mehr genervt. Dafür spürte ich die Frage in mir aufkommen: „Wieso glaubst Du eigentlich, dass Du nicht dazu gehörst?" Es war mir nicht klar, worauf diese Frage abzielte, aber sie hatte eine Kraft, die diese Situation in einen Moment verwandelte, in dem mein Kollege und ich uns auf eine tiefere Weise treffen und verständigen konnten. Ich hatte das Gefühl, dass mein Kollege auf einmal vollkommen präsent war. Er antwortete: „Ich bin irritiert. Aber du hast Recht. Ich habe ständig das Gefühl, nicht dazuzugehören. Und das tut verdammt weh." Die Frage hatte uns beide auf einet gemeinsame Ebene bewegt. Es wurde ein tiefes, persönliches Gespräch.

Wenn du dich beim Sprechen wohlfühlst, weit, warm, entspannt, sprichst du mit verbundener Sprache. Ebenso ist es, wenn dein Gegenüber verbundene Worte an dich richtet, auch wenn die Kommunikation vielleicht Traurigkeit in dir auslöst. Das Zulassen von Gefühlen, die bei aufrichtigem Kontakt mit einer anderen Person entstehen, ist vielleicht ungewohnt. Doch du wirst merken, wie groß der Unterschied zu oberflächlicher, unverbundener Kommunikation ist: Es sind nährende Gefühle, die dich zu dir selbst führen.

Es kann aber auch sein, dass deine verbundenen Worte dein Gegenüber nicht erreichen. Die Kommunikation ist sozusagen halb verbunden. Das kann daran liegen, dass du vielleicht noch Angst vor echtem Kontakt hast. Manchmal hilft es dann, diese Angst auszusprechen, um die Verbindung zu deinem Gegenüber herzustellen.

Übung:
Verbunden sprechen

Nimm dir etwas Zeit und setz dich bequem auf einen Stuhl, beide Füße auf dem Boden. Schließ die Augen, wenn es dir hilft, diese Übung durchzuführen.
Achte auf deinen Atem, der durch die Nase ein- und ausströmt.

Wenn in dir eine Empfindung auftaucht, lass sie zu.
Dorthin, wo sie am ehesten zu spüren ist, legst du die linke Hand.

Fasse jetzt in Worte, was sich unter der Hand in deinem Körper befindet. Wenn es dir schwer fällt, kannst du auch sagen: „Ich finde gerade nicht die richtigen Worte, vielleicht ist es…" Aber erfinde nichts.
Du kannst auch einfach schweigen oder einen Ton machen, der am ehesten ausdrückt, was du fühlst, wenn du keine Worte findest. Manchmal reicht ein Geräusch, ein Brummen, Lachen, Summen, um auszudrücken, was in dir vorgeht.
Jetzt gib dem Gefühl ein Gesicht. Frag dich: Wie würde ich meinen inneren Zustand ohne Worte, nur mit Gestik und Mimik ausdrücken? Welche Körperhaltung gibt am ehesten wieder, was in mir vorgeht? Steh ruhig auf dafür.

Du hast jetzt ein Wort bzw. ein Geräusch, ein Gesicht und eine Körperhaltung für deine Empfindung. Bring alles zusammen und stell dir vor, du bist in einem Gespräch: Würdest du dir selbst glauben, wenn du dich sehen oder dir zuhören könntest?
Musstest du dich anstrengen, um gehört und verstanden zu werden? Hast du dich gut gefühlt?

Mach dir keine Sorgen, wenn das alles zunächst fremd für dich klingt. Es gibt Menschen, die häufig auf unverbundene Weise sprechen. Anderen wiederum ist es völlig fern und sie sprechen immer verbunden. Die Kontaktaufnahme durch Kommunikation ist für jeden Menschen verschieden, denn jeder hat seine eigenen Erfahrungen gemacht, die sich darauf ausgewirkt haben.

Nachdem du etwas über die Sprache als wichtigstes Mittel echter Kommunikation erfahren hast, kommt nun eine andere Komponente dazu, die ebenso wichtig ist: das Zuhören. Es gibt zwei Arten des Zuhörens:

Mit den Ohren hören. Sie nehmen die akustischen Signale wahr, die das Gehirn ordnet, so dass wir sie als Worte und Sätze verstehen können.

Mit den Ohren und dem ganzen Körper hören. Der Körper nimmt über akustische Laute hinaus mehr wahr. Er lässt sich von den Worten des Gesprächspartners berühren. Es entstehen Gefühle in ihm. Ein echter Kontakt entsteht.

Viele Menschen nehmen in einem Gespräch nur akustische Signale wahr. Ihnen bleibt zwar meist in Erinnerung, was das Gegenüber gesagt hat und wahrscheinlich haben sie es auch verstanden, dennoch fehlt ihnen ein wesentlicher Teil der gesendeten Information, der den Kontakt zwischen ihnen und dem Sprecher verstärken würde. Bei dieser Art des Zuhörens kann es passieren, dass du bestimmte Aussagen deines Gegenübers schnell auf dich selbst beziehst, statt sie in einem größeren Zusammenhang zu sehen. Du interpretierst sie so, wie dein Weltbild es nahe legt. Das kann die Aussage aber verfälschen und zu Missverständnissen führen. In einer solchen Konversation bleibt jeder Gesprächspartner in seiner eigenen Welt, es entsteht kein echter Kontakt. Da dein Inneres in dieser Kommunikation nicht präsent ist, wird sie dich in deiner Entwicklung nicht weiterbringen.

Eine kleine Geschichte zur Anschauung: Fritz hat sich gerade von seiner Frau scheiden lassen und ist deswegen traurig. Du begegnest ihm auf der Straße und fragst ihn, wie es ihm geht. Aus Gewohnheit oder gesellschaftlicher Konvention antwortet er: „Gut. Danke."

Hörst du ihm nur mit den Ohren zu, würdest du ihm wahrscheinlich glauben und in seine Antwort vielleicht hineininterpretieren: „Es war sowieso besser, dass die beiden auseinander gegangen sind." Oder „Wenn ich an seiner Stelle wäre, wäre ich traurig. Fritz ist gefühlskalt." Es kommt zum Missverständnis.

Um wahre Begegnungen zu erleben, ist es wichtig, dass du dein Gegenüber nicht nur hörst, sondern auch spürst. Das bedeutet, dass du dich für sein Inneres öffnest, wenn du Fritz begegnest. Wenn du ihm nicht nur mit den Ohren zuhörst, sondern mit deinem ganzen Körper und mit deinem Inneren, wirst du merken, dass die Antwort „gut" nicht der Wahrheit entspricht. Du spürst, dass Fritz traurig ist. Bei dieser Art des Zuhörens bist du wie eine Leinwand. Dein Gegenüber ist der Projektor, der sein Bild auf dich wirft. Wenn du zulässt, dass sich der andere auf dich projiziert, bleibt dir die Wahrheit über ihn niemals unbekannt. Du wirst wissen, dass Fritz traurig ist. Diese Fähigkeit, sein Gegenüber auf diese Weise zu erkennen, ist im Menschen angelegt.

Mach dir keine Sorgen, wenn es dir anfangs ein bisschen schwer fällt, das Innere deines Gesprächspartners mitzubekommen. Du hast diese Fähigkeit in dir, und es ist nur eine Frage der Zeit und der Übung, sie wieder zu entdecken und sie einsetzen zu können.

Übung:
In Kontakt bleiben

Überprüfe, ob echter Kontakt besteht, wenn du mit jemandem sprichst. Frage dich:
Wie zeige ich mich dem anderen?
Bin ich an seiner inneren Welt interessiert?
Welche Gefühle spüre ich während des Gespräches?
Spreche ich wirklich zu ihm oder ist es möglich, dass es einen anderen Wunschempfänger gibt (z. B. Vater oder Mutter), dem ich die gleichen Worte viel lieber mitteilen würde.

Wie sieht der andere aus, wenn er mir zuhört? Ist er an meinem Inneren interessiert? Versteht er mich? Wird er, soweit ich das beurteilen kann, durch meine Worte berührt?

Während du zuhörst:
Welche deiner Körperteile spürst du?
Wie fühlst du dich während des Zuhörens?
Stimmt das, was du hörst, überein mit dem, was du vom Anderen spürst?
Was spürst du, wenn es nicht übereinstimmt, dir also nicht die volle Wahrheit gesagt wird? Wo spürst du es?
Wo würdest du die Wahrheit spüren?

Wie geht es dir nach dem Zuhören? Fühlst Du Dich eher gestärkt oder geschwächt?

Das Zuhören mit dem ganzen Körper, das nichts ablehnt oder ausschließt, ermöglicht dir einen tieferen Kontakt zu anderen Menschen. Du kannst so deine Mitmenschen als Ganzes hören und auch erkennen. Lass dich davon überraschen, wie du und dein Umfeld sich verändern werden, wenn du den Mut aufbringst, wahren Kontakt zu anderen Menschen aufzunehmen.

Übung:
Das Wort, das das Herz berührt

Wenn ein vertrauter Mensch dir etwas erzählt, mach doch mal diese kleine Übung: Während du der Person mit Ohren und Körper zuhörst, dass heißt, während du sie ihr Inneres auf dich projizieren lässt, achte darauf, ob ein Wort, ein Satz oder eine Aussage dich besonders tief berührt. Dazu brauchst du natürlich etwas mehr Aufmerksamkeit als in einem normalen Alltagsgespräch. Wenn du es schaffst, die Worte auszumachen, die dich berühren, hast du einen ersten Schritt in Richtung wahrer Begegnung gemacht. Ein nächster Schritt ist nun, deinem Gegenüber zu sagen, dass diese bestimmten Worte dich berührt haben. Sag einfach: „Was du gerade gesagt hast, hat mich berührt." Eine Begründung ist nicht nötig.

Warte ab, was passiert. Die Kunst ist es, an dieser Stelle die Stille „auszuhalten", in denen sich der Kontakt zwischen dir und deinem Gegenüber intensiviert. Manchmal ist eine solche Intensivierung mit leichtem Schwindel, aufsteigender kurzer minimaler Übelkeit, Herzklopfen oder kurzen verschwimmenden Sichtveränderungen verbunden. Das muss dir keine Sorge bereiten. Freu dich stattdessen, dass dir das Experiment gelungen ist.

Süden: Ich liebe, ohne auszugrenzen

Kraft und Fülle
Das hellste Licht, die größte Wärme
Wachstum heißt Veränderung
Durch Zerstörung und Wiedererschaffung

Um lieben zu können ohne auszugrenzen, solltest du dir über eins im Klaren sein: Der Mensch ist fehlbar, und das ist auch gut so. Denn diese Fehlbarkeit ist es, die den Menschen lernen und wachsen lässt. Das ist eine grundsätzliche Einsicht, die es dir leichter macht, deine Mitmenschen trotz oder sogar wegen ihrer Fehler zu lieben. Der Mensch wird bestimmt durch seinen Geist, der es ihm möglich macht, zu denken, sich Wissen anzueignen, danach zu handeln und zu lernen. Der Mensch wird aber auch durch etwas bestimmt, dass ich hier als „sein göttlicher Anteil" bezeichne oder als „Qualität des Herzens". Dieser Teil des Menschen ist der Ursprung aller spirituellen Lehren und Religionen. Im Gegensatz zum Verstand ist der göttliche, spirituelle Teil des Menschen ein Teil eines höheren Ganzen, das sich aus dem Göttlichen in allen Menschen zusammensetzt. Er verschafft uns unmittelbaren Zugang zu allen anderen Lebewesen. Die Qualität des Herzens wohnt in unserer Mitte. Um sie zu finden, ist es notwendig, zuerst in die eigene Mitte zu kommen. Wenn du sie gefunden hast, wirst du erkennen, dass in jedem Menschen ein Funke des Göttlichen steckt. Dann wirst du wahre Begegnungen im Alltag erfahren, auch mit denen, die du vielleicht auf den ersten Blick gar nicht leiden kannst.

Nehmen wir die Geschichte der Nachbarn Volker und Klaus: Volker und Klaus sind zwei grundverschiedene Menschen. Klaus ist offen und extrovertiert. Er ist der „Löwe" und sagt immer, was er denkt. Er nimmt nie ein Blatt vor den Mund. Er trinkt gerne und schämt sich auch nicht, mehrere Frauen gleichzeitig zu haben. Volker, ein „Kamel", lebt eher zurückgezogen. Er verbringt viel Zeit mit Büchern und mit dem Computer. Kontakt zu Frauen hat er nicht, und er hat auch nur wenige Freunde. Eigentlich haben die beiden nicht viel miteinander zu tun. Sie wohnen lediglich nebeneinander. Doch nachts hört Volker seinen Nachbarn schon mal, wenn er nebenan feiert oder eine Frau mitbringt. Das stört ihn, und er mag ihn nicht: Er ist ihm zu laut, zu primitiv. Klaus hingegen hat nichts gegen Volker. Er ist froh, einen Nachbar zu haben, der sich nie beschwert, wenn er mitten in der Nacht noch herumgrölt.

Eines Tages lud Klaus Volker zu seinem Geburtstag ein. Volker war zunächst entsetzt über diesen Gedanken. Doch als gutes Kamel war er nicht gewohnt, zu widersprechen, und ging hin: „Schließlich ist es ja nur nebenan, und man kann ja auch spontan wieder gehen", dachte er. Auf der Feier lernte er einige nette Menschen kennen, mit denen er viel lachte. Sie hatten auch mit Computern zu tun, und Volker konnte sich mit ihnen austauschen. Selbst mit Klaus kam er ins Gespräch. Der Löwe ging eben einfach auf das Kamel zu, und da hatte es keine Wahl mehr.

Nach der Party lag Volker noch lange wach und dachte nach. Etwas beschämt musste er sich eingestehen, dass Klaus einige Qualitäten besitzt, die Volker sich für sich selbst wünschte. Er fand heraus, dass er wohl eher neidisch war auf die Lebensfreude seines Nachbarn als wütend auf sein Verhalten und seine Einstellung. Als er einige Tage später Klaus aus der Ferne kommen sah, spürte er für eine Millisekunde den alten Impuls, sich vor Klaus zu verstecken. Dann schämte er sich. Es war doch nett gewesen zwischen ihnen. Klaus kam näher, grüße, klopfte Volker kameradschaftlich auf die Schulter und ging weiter. Volker blieb stumm und lächelte nur zaghaft. Für einen kurzen Moment war er glücklich, von Klaus anerkannt zu werden. Sie sind sich beide aus ihrer Mitte heraus begegnet, und ein wahrer Kontakt ist entstanden.

Du musst deinen Verstand nicht vollständig ausklammern, wenn es darum geht, wahre Begegnungen zu erfahren, auch wenn du aus deiner Mitte heraus handelst, aus deinem Inneren heraus. Du kannst die Intelligenz als Hilfsmittel benutzen. Du kannst beispielsweise ein Buch wie dieses lesen und das Wissen, das dir darin vermittelt wird, nutzen, um eine Verbindung zu deinem Inneren zu finden und dann zu den Herzen der anderen Menschen.

Übung:
Den göttlichen Funken finden

1. Ist dir bei manchen Menschen schon der göttliche Funken aufgefallen?
Wenn die Antwort Ja lautet, dann mach diese Übung. Wenn sie Nein lautet, warte, bis du das erste Mal einen solchen Funken in einem Mitmenschen gesehen hast. Dann geht es leichter.

2. Stell dir einen Menschen aus deinem Alltag vor, mit dem du gelegentlich Schwierigkeiten hast. Sobald er vor deinem inneren Auge auftaucht, frage dich: Bist du dir sicher, dass es diesem Menschen in dem Moment, in dem du ihm das letzte Mal begegnet bist, gerade gut ging?
Welche Erlebnisse mag dieser Mensch in unmittelbarer Vergangenheit oder in seiner Kindheit gehabt haben, die ihn geprägt und damit auch eure letzte Begegnung beeinflusst haben?
Auf welche Weise hätten die gleichen Erlebnisse dich selber geprägt, wenn nicht dieser Mensch, sondern du sie gehabt hättest?

Lass die Antworten einige Minuten auf dich wirken und lies dann weiter.

3. Sieh den Menschen vor deinem inneren Auge an und hör ihm zu. Was kannst du ganz sachlich betrachtet an ihm entdecken, das dir gefällt? Folge dieser Spur. Kannst du dir vorstellen, am Ende des Pfades das Göttliche zu erkennen?

4. Bei der nächsten Begegnung mit dem Menschen stellst du dir innerlich die Fragen 2 und 3. Und dann die folgenden:
Wenn da irgendein Gefühl zu diesem Menschen wäre, wo wäre es am ehesten zu lokalisieren? Welche Organe würden es ausdrücken? Gibt es vielleicht ein Rumoren oder ein Gluckern? Fühlt es sich eher eng oder weit an?

Interpretiere nicht. Beobachte nur. Und beobachte, wie es sich bei der nächsten Begegnung vielleicht verändert hat.

Wenn es eine Art inneres Auge gäbe, durch das du den göttlichen Funken sehen könntest, an welcher Stelle würde es sitzen?

Die Suche nach dem Göttlichen im anderen Menschen ist besonders interessant, wenn es sich um jemand handelt, den du nicht magst, denn es fordert dich heraus, dich in jemanden hineinzuversetzen, der – wie du bis jetzt gedacht hast – ganz anders ist als du selbst. Volker hat gemerkt, dass er gerne ein bisschen mehr wäre wie Klaus. Durch den Kontakt mit ihm lernte er nun auch eine andere Seite an sich selbst kennen.

Verlasse deine Position, öffne dich deinem Gegenüber und werde angreifbar und verletzlich. Werde Mensch. Dich weich, angreifbar und verletzlich zu fühlen, ist ganz natürlich und macht dich zutiefst menschlich. Mensch sein bedeutet nicht, auf eine bestimmte, geplante Art und Weise nach außen hin zu erscheinen. Es bedeutet nicht, in einer bestimmten Form festzusitzen. Öffne dich, werde wandelbar, erweitere deinen Horizont. Lerne dich so selbst besser kennen.

Mach dir keine Sorgen, wenn es dir nicht gleich gelingt, das Göttliche in deinen Mitmenschen zu erkennen. Vielleicht ist es bei dir gerade der falsche Zeitpunkt. Vielleicht bist du grade zu sehr mit etwas anderem beschäftigt, zum Beispiel damit, in deine eigene Mitte zu finden und deinen eigenen göttlichen Teil zu erkennen. Aber früher oder später wirst du die Herzensqualität eines jeden erkennen können. Und du wirst lieben können, ohne auszugrenzen. Aber das braucht Zeit. Und vor allem Übung. Denn nur durch den Kontakt mit deinen Mitmenschen kannst du lernen, in ihr Herz zu sehen. Dieses Buch gibt dir nur eine Anregung. Geh hinaus, trete in Kontakt mit anderen, dann wird dir alles mit der Zeit ganz klar werden.

Westen: Ich akzeptiere das Chaos

Ende und neuer Anfang
Das Ja zur Dunkelheit lässt Licht wiederkehren
Transformation durch Totalität

Wundere dich nicht, wenn dir beim Lesen dieses Kapitels der Kopf schwirrt. Versuch nicht, krampfhaft zu verstehen – das geschieht schon von allein. Und wenn nicht, dann ist das auch okay. Du musst es nur akzeptieren. Sobald du einverstanden bist mit diesem Nicht-Verstehen, fahre mit dem Lesen fort.

Der Verstand denkt in logischen Bahnen. Das heißt, dass er eine Ursache erkennt und die entsprechende Wirkung abwartet. Er denkt: „Vor dem Gleichzeichen ist gleich hinter dem Gleichzeichen" (x=y). Der Verstand sehnt sich nach dieser linearen Ordnung, die wie eine Straße in eine bestimmte Richtung führt. Alles, was von der Natur geschaffen wird, ist scheinbar ungeordnet: Der Natur ist es egal, ob sie vielleicht unaufgeräumt und chaotisch wirkt. Ihr ist es egal, wie die Ordnung der Blätter an einem Baum ist, ob Licht aus Teilchen (Newton, Einstein) oder aus Wellen (Young, Fresnel) besteht. Auch ist ihr ziemlich gleich, ob das Universum tatsächlich unendlich ist. Es ist unser Verstand, der es unbedingt herausfinden will.

Wenn der Verstand von der oberflächlichen Rinde des Baumes in die Tiefe schaut, sich den Molekülen widmet und dem Aufbau einer DNA-Spirale, stellt er fest, dass die Unordnung nur ein äußerliches Erscheinungsbild ist. Wie kann es sein, dass etwas so Chaotisches wie eine Baumrinde in ihren kleinsten Teilchen so perfekt strukturiert ist?

Widersprüche existieren, und wir müssen damit leben. Aber sie sind nichts Schlimmes, sondern ganz natürlich. Wir müssen sie nur akzeptieren. Genauso verhält es sich mit uns Menschen. Unser Ursprung liegt nämlich nicht im Verstand, sondern in einer natürlichen Kraft, die über den Verstand hinausgeht- ja, die sogar weit über unseren sichtbaren Körper hinausgeht. Die Wahrhaftigkeit ist die Verbindung zwischen uns und dem Überirdischen. Unsere Existenz folgt einem groß angelegten, intelligenten Plan. Man könnte diesen Plan auch Evolution nennen. Vieles weist darauf hin, dass es darum geht, Leben zu erhalten, Entwicklung und Bewusstsein zu fördern. Unser wahres Inneres dient der Ausführung dieses Plans, der im Detail nicht starr festgelegt ist, sondern wandelbar und beweglich auf das Ziel zusteuert.

Unser wahres Inneres unterliegt dem Prinzip von Ursache und Wirkung und gleichzeitig auch nicht. Es existiert außerhalb von Zeit und benötigt gleichermaßen Zeit, um zu reifen und sich zu entfalten. Es ist nicht vom Verstand zu fassen und nicht kontrollierbar. Der Verstand dient dazu, das, was um uns herum geschieht, zu interpretieren. Die Möglichkeit der Interpretation nimmt ihm die Angst vor der Wahrhaftigkeit. Allerdings ist es nicht immer möglich, das, was wahrhaftig ist, logisch zu verstehen.

„Wie ist das möglich?" fragt sich der Verstand manchmal. Wenn du einen geliebten Menschen verlierst, empfindest du Trauer. Die Trauer kann erst dann gehen, wenn du sie vorher wirklich aus tiefstem Herzen angenommen und genügend gewürdigt hast, ohne an ihr festzuhalten. Dann erst kann die Trauer langsam abfließen. Würdest du die Trauer nicht zulassen, zum Beispiel, weil du denkst, stark sein zu müssen, wird sie lange schwer auf deinen Schultern lasten. Erst durch das Anerkennen und Zulassen eines Zustandes kann er sich verändern. Sag Ja zu etwas, und es kann sich verändern. Wenn du Nein sagst, bleibt es, bis du Ja gesagt hast. Das Ja-Sagen zu einem Zustand bewirkt die gewünschte Transformation. Der Wunsch nach Transformation muss also gehen bzw. unwichtig werden – erst dann geht er in Erfüllung. Diese Widersprüchlichkeit unserer inneren Wahrhaftigkeit hat weitreichende Konsequenzen auf den Alltag und die Gesetze, nach denen unser Leben auf der Erde funktioniert.

Drei Geschichten erzählen von Menschen, die schwierige Situationen akzeptiert und somit bewältigt haben:

Die Krebspatientin Ina hat bis zu ihrer Diagnose niemals das Gefühl gehabt, glücklich zu sein. Sie hat immer nur gearbeitet, Ärger mit ihrem Mann gehabt und war mit drei Kindern vollkommen überfordert. Die Ärzte sagten damals zu ihr: „Machen Sie sich noch ein paar schöne Wochen." Diese Aussage ist jetzt fünfzehn Jahre her. Ina lebt immer noch. Um sich noch ein paar schöne Wochen zu machen, trennte sie sich von ihrem Mann, kündigte ihren Job und zog in eine eigene Wohnung. Sie vererbte einen Teil ihres Geldes an ihre Kinder, damit sie versorgt wären. Ihr Körper heilte, sie besiegte den Krebs. Nur indem sie den Tod als unabwendbaren Bestandteil des Lebens anerkannte, so wie er ihr „in ein paar Wochen" geschehen sollte, öffneten sich alle Türen und Tore, die das Leben Ina zu bieten hatte.

Daniel war drei Jahre mit Sabine verheiratet, als diese einen anderen Mann kennen lernte und sich von ihm trennte. Daniel brauchte eine Weile, bis er die Trennung verarbeitet hatte. In dieser Zeit trank er viel. Bis er Karola kennen lernte. Sie verliebten sich ineinander und zogen zusammen. Trotz der starken Gefühle gab es zwischen den beiden viel Streit. So kam Daniel zu mir. In der Therapie ließ ich ihn sich vorstellen, beide Frauen seien in einem Raum zusammen mit ihm. Er hatte das Gefühl, Sabine sei sehr präsent im Raum und in ihm, und Karola schaue von ihm weg. Er spürte Sehnsucht nach der neuen und hatte das Gefühl, sie nicht erreichen zu können. Ich ließ ihn zu seiner Exfrau Sabine sagen: „Ich liebe dich immer noch, und es hat verdammt weh getan." In dem Moment fühlte er sich Karola viel näher. Sie wandte sich ihm sozusagen zu, und es war fast so, als hätte er die Wahl gehabt, zu beiden zu gehen. Manchmal ist das Ende von etwas – sei dieser Verlust noch so schmerzhaft – nötig und wichtig, damit etwas Neues in dein Leben treten kann. Erst wenn das Ende und der damit verbundene Schmerz anerkannt werden, ist es möglich, darin den Beginn von etwas Neuem zu erkennen.

Stress entsteht, wenn wir uns nur nach außen hin orientieren und uns bemühen, bestimmte Strukturen einzuhalten. Mit der Zeit folgt durch den Stress die Ablehnung der äußeren Gegebenheiten, und das lässt noch mehr Negativität und Stress entstehen. Meiner Klientin Julia ging es so: Sie fühlte sich immer überfordert, egal was anstand: arbeiten, wandern, Termine abstimmen und einhalten.

Entspannung konnte erst eintreten, als sie sich zu ihrem inneren Empfinden hin orientierte. In Form einer kleinen Meditation, die ich Julia für ihren Alltag beibrachte, schaffte sie es, stressige Situationen anzunehmen, wie sie sind, und damit zu bewältigen. Der Fokus verschob sich vom Einhalten der Strukturen hin zum Nutzenziehen aus den Gegebenheiten. Der Stress und die Ablehnung verschwanden. Sie verstand, dass sie Termine selber steuern konnte. Und sie verstand, dass sie davon profitierte, indem sie Geld verdiente und erfolgreich war. Sie spürte mehr und mehr, dass ihr die Gesetze und Strukturen des Alltags Sicherheit gaben und ihr erlaubten, sich zu entfalten.

Öffne dich für scheinbare Widersprüchlichkeiten. Sie sind Teil des Weges zu deiner Mitte. Aus dem wahren Inneren heraus zu handeln, bewirkt seelisches und geistiges Wachstum und setzt es gleichzeitig voraus: Seelische Abgründe, tiefe Verletzungen und Traumata sind Voraussetzung für das Erkennen deiner Persönlichkeit und inneren Wahrhaftigkeit. Gleichzeitig bereichert dich innere Wahrhaftigkeit und führt dich aus den Tiefen, aus denen sie entstanden ist. Deine innere Größe wächst über deinen Verstand hinaus. Dein wahres Inneres benutzt ihn als Nährboden und setzt ihn gleichzeitig außer Kraft. Es wächst durch die Existenz des Verstandes und seiner Konditionierungen, Ängste und Traumata, aber nur deswegen, weil es ihn gleichzeitig zu umgehen sucht. Dein Verstand kann sich aus deiner Wahrhaftigkeit und der anderer Menschen nähren und weiß genau, dass er sich damit auf seinen Tod zu bewegt. Er verarmt, weil er Kontrolle verliert und wird zugleich angereichert mit einer Fülle an Information, die ihn früher oder später sprengt. Er erkennt, dass er zwar den Nährboden gebildet hat, aber auch lange Zeit dem Wachstum im Wege stand. Wachstum durch innere Wahrhaftigkeit bedeutet also hauptsächlich, auf die Sprengung des Verstandes hinzusteuern, auf Aufbau und Zerstörung gleichzeitig: Das klingt paradox.

An dieser Stelle möchte ich noch ein weiteres Phänomen beschreiben: wie wahrhaftiges Verhalten sich in Bezug auf die Mitmenschen auswirkt und gleichzeitig anders aussehen kann, als man sich Liebe und Herzenskontakt im allgemeinen Verständnis vorstellt. Wahrhaftigkeit bedeutet, aus seiner Mitte heraus zu handeln und dauerhaft mit seinem göttlichen Kern in Kontakt zu sein. Wenn du aus deinem wahren Inneren heraus handelst, heißt das nicht, dass du deswegen unweigerlich nett zu deinen Mitmenschen bist. Erzwungene warme Worte sind eine Art der Betäubung, sie erzeugen keinen Kontakt. Wenn du mit deiner Mitte in Kontakt bist, bist du auch mit deinem Gegenüber in Kontakt. Du bist ihm automatisch liebevoll zugewandt, nimmst ihn an, so wie er ist. Und trotzdem klingen deine Worte nicht immer danach. Das schließt ein, dass du bewusst oder unbewusst spürst, was in deinem Gegenüber Wachstum auslösen könnte. Du bekommst die Worte, die du deinem Gegenüber präsentierst sozusagen „von einer Höheren Instanz eingegeben". Damit erreichst du meist das Herz des Gegenübers mehr und direkter als durch oberflächliches nettes Geplänkel.

Ich sprach mit einem engen Freund, der sehr authentisch kommuniziert und von dem ich viel darüber gelernt habe, über etwas, das mir mein Leben schwer macht: die hohen Anforderungen, die ich an mich stelle. Es ging mir sehr schlecht damit. Ich spürte die Enge und kam trotzdem nicht heraus. Er war mit mir verbunden, hörte sehr genau zu und sagte nur: „Du schaffst es sowieso nicht." Ich spürte, wie mir dieser Satz einen Stich ins Herz versetzte. Ich atmete schnell und heftig, mein Brustraum pulsierte, Tränen schossen mir in die Augen. Ich sah ihn entsetzt an. Er war einfach nur präsent, beobachtete mich und die Wirkung, die dieser Satz auf mich hatte. Und plötzlich spürte ich, wie es wärmer um meine Herzgegend wurde. Es wurde weiter in mir. Es war, als wären die eisernen Schellen, die mich so gefesselt und in ihren Bann gezogen hatten, gesprengt. Ich atmete auf. Und nach einer Weile lachte ich. Ich war wieder bei mir. Mein Glaubenssatz hatte lockergelassen, und Oliver war wieder da.

Beispiele wie diese, in denen es manchmal hilfreicher für jemanden sein kann, wenn man ihm keine Hilfe im klassischen Sinne (Geld oder Zuwendung) anbietet, gibt es viele. Das wirst du merken, sobald du authentisch kommunizierst. Hilfe und Wachstum entstehen nur, wenn du vollkommen in deiner Mitte bist, also mit deinem inneren Erleben in Kontakt. So wirst du zu dem rettenden Strohhalm, an dem sich der andere aus seinem Sumpf ziehen kann. Du wirst Tankstelle für das leere Auto. Jeder Versuch, Hilfe zu leisten oder Wachstum zu fördern ohne Kontakt zu dir selbst, bleibt unverbunden. Damit ist seine Wirkung genauso wie die der unverbundenen Sprache: flüchtig und Teil eines Spiels, welches Macht aufrechtzuerhalten sucht. Jede Kontaktsituation erfordert ein Erkennen des Gegenübers. Sobald du deiner Intuition vertraust und dein Handeln danach ausrichtest, lernt dein Gegenüber, seine eigenen Kräfte zu mobilisieren. So lässt du ihm seine Würde und achtest ihn. Die in der jeweiligen Situation im Inneren gefühlte Information ist die, die hilft, auch wenn es zunächst nicht danach aussehen mag.

Noch eine Geschichte aus dem Alltag: Ich war bei einem Kollegen zum Kaffee eingeladen, als eine Hilfsorganisation an seiner Türe klingelte. Er ließ sie herein, die zwei Vertreter der Organisation setzen sich zu uns und begannen, uns ein schlechtes Gewissen einzureden, damit wir spendeten. Nach kurzer Zeit unterbrach mein Kollege den Vertreter: „Sie machen mir Angst mit dem, was Sie gerade erzählen." Der Vertreter war kurz irritiert, ging allerdings über diese Aussage hinweg und fuhr mit seinen Belehrungen fort.

Mein Kollege unterbrach ihn kurz darauf wieder: „Hören Sie mir eigentlich zu?" „Natürlich", erwiderte der Vertreter und fuhr weiter fort, uns ein schlechtes Gewissen einzureden. Mein Kollege wurde wütend, äußerte dies auch und ergänzte sachlich, aber mit scharfem Ton: „Ich fühle mich von Ihnen nicht gehört, ich bekomme bei Ihren Worten Angst und ein schlechtes Gewissen. Sie sprechen trotzdem weiter. Und Sie wollen anderen Menschen helfen? Ich verabscheue diese Art von Manipulation. Verlassen Sie bitte die Wohnung."

Der Vertreter stotterte entschuldigende Worte, und die beiden standen auf und gingen.

Ich glaube, dass mein Kollege mit seinen klaren Worten mehr geholfen hat als mit einer eventuellen Spende. Die Vertreter werden durch diesen Vorfall angeregt, ihre Kommunikation zu verbessern und damit vielleicht mehr Menschen davon zu überzeugen, etwas von

Herzen zu spenden statt durch Angst. Stell dir vor, was eine solche Spende von Herzen bewirken kann.

Aus dem Inneren heraus wahrhaftig zu handeln, ist zugegebenermaßen nicht immer einfach. Du hast vielleicht gelernt, wie man sich höflich und „richtig" verhält. Darüber musst du dich dann gelegentlich hinwegsetzen, was dir vielleicht nicht leicht fällt, denn du riskierst, dass dein Verhalten negativ aufgenommen wird. Mach dir nichts draus. Nur wenn du dich wahrhaftig verhältst, schließt du dein Gegenüber wirklich mit ein und nimmst echten Kontakt auf. Menschen, die ihre Mitte noch nicht gefunden haben, können das vielleicht nicht verstehen und distanzieren sich. Aber auch diese Menschen werden früher oder später merken, dass du ihnen mit ehrlichen Worten viel mehr gegeben hast als mit oberflächlichem Gerede. Obwohl wahrhaftiges Handeln hauptsächlich den Kontakt zur eigenen Mitte ausdrückt, ist es doch auch Ausdrucksform der Liebe zum Gegenüber.

Wichtig ist, nichts auszuschließen. Sag Ja. Auch zu dem, was vielleicht negativ erscheinen mag. Bring auch Verhasstem und Gefürchtetem ein Ja entgegen. Erkenne diese Dinge als Teil deines Lebens. So kannst du das Negative entmachten und es mit dir auf eine Ebene stellen. Mit einem Ja wird jeder Gegner zum Freund, denn er wird in deinem Inneren zu deinem Lehrer. Und ebenso lehrst und bereicherst du auch ihn.

Eine Klientin stand in einer Sitzung in einer Imaginationsübung ihrer Mutter gegenüber, mit der sie Schwierigkeiten hatte. Sie fühlte sich von ihrer Mutter getrennt und sah in ihr eine Bedrohung. Ich ließ sie zu ihrer Mutter innerlich sagen: „Du bist für mich eine Bedrohung", denn das war ihre gefühlte Wahrheit. Als ich sie fragte, was sie fühlt, antwortete sie etwas irritiert: „Ich spüre wieder Verbindung zu ihr." Und kurze Zeit später schob sie hinterher: „Die Bedrohung verschwindet."

Handle deinem Wesen entsprechend. Handle aus deinem Inneren heraus und von ganzem Herzen. Du bist ein Mensch, der gern

Kontrolle hat? Dann kontrolliere. Sei du selbst. Du bist eher ein unentschlossener Mensch? Dann schwanke. So, wie es dir gebührt. Es gibt nicht die Form des perfekten Menschen, in die du dich hineinpressen musst. Sei nur du selbst, sei in Kontakt zu dir und handle danach. Sei authentisch. So wirst du kraftvoll sein. Und du wirst die Herzen deiner Mitmenschen berühren und wahren Kontakt herstellen können.

Entspann dich und lass dich darauf ein, du selbst zu sein. Du kannst nur daraus lernen, du hast nichts zu verlieren. Wenn du unsicher bist, sieh die Unsicherheit als Kontrollverlust des Verstandes. Und schon wird eine neue Sicherheit aus ihr entstehen – eine, die vom Verstand nie erzeugt werden könnte, eine höhere Sicherheit. Und wenn du dir deiner Sache aus dem Inneren heraus sicher bist, dann öffnest du dich automatisch auch der Unsicherheit, die jeder Moment in sich birgt.

Du wirst merken, wie viel Kraft wahrhaftiges Verhalten in dir erzeugt, wirst aber gleichzeitig auch merken, dass es immer wieder aufs Neue eine Herausforderung und ein Wagnis ist. Manchmal fühlt es sich vielleicht an, als wenn du auf Glatteis laufen würdest oder mitten in einem großen See schwimmst. Du spürst, dass du ertrinken könntest, aber du merkst auch, wie wertvoll diese Erfahrung für dich ist. Das gleiche Wasser, in dem wir ertrinken können, ist auch das Wasser, von dem wir trinken. Genieß die Fülle.

Probier es aus. Du kannst nur gewinnen. Selbst, wenn du nicht das erreichst, was du dir vornimmst. Du erreichst in jedem Fall etwas.

Teil 3

Wenn du ein Herz berührst ...

Grabe dich durch drei Schichten

Fast alles, was du tust, denkst und sagst, ist bestimmt von einem oder mehreren Glaubenssystemen. Auf Glaubenssysteme bin ich bereits in Teil 1 eingegangen. Hier möchte ich noch einmal betonen, dass es nicht darum geht, Glaubenssysteme zu überwinden oder aufzulösen. Du musst dich nicht „neu programmieren", wie es in modernen esoterischen Kreisen gerne heißt. Es ist natürlich eine Möglichkeit und kann eine interessante Erfahrung sein. Um jedoch in deine Mitte zu finden und authentisch zu sein, brauchst du das nicht. Es genügt vollkommen (und ist zudem viel wirkungsvoller), einfach auf deine Wortwahl in einem Gespräch zu achten. Beobachte dich selbst, inwieweit du wirklich das wiedergibst, was in dir vorgeht. Wie klar sind deine Worte?

Auf der Suche nach der Mitte, auf dem Weg zur Wahrhaftigkeit gräbst du dich durch verschiedene Schichten: Die erste Schicht ist die der Gedanken, des Verstandes, der Analyse. Gedanken sind wie ein Abbild der Realität, sie geben einen Moment wieder, der bereits vergangen ist, also nicht mehr real ist. Die Erde hat sich schon ein Stück weiter gedreht, du hast neue Luft ein- und ausgeatmet, hunderte Menschen sind gestorben und hunderte geboren. Das Jetzt ist im Nu schon vergangen, und die Gedanken hinken hinterher.

Der Verstand erschafft Abbilder der Vergangenheit, Abertausende kleine Puzzelstückchen, die dein Verstand immer wieder zu einem neuen sinnbringenden Bild oder einem Gedanken zusammensetzt. Der Verstand speichert das Jetzt, den flüchtigen Moment, die Erinnerung wird zu deiner Realität. Wenn du einmal nicht nur weißt, wie der Verstand funktioniert, sondern auch danach lebst, dann hast du dich geöffnet für die Erfahrung des Jetzt und erkennst aus deiner Mitte heraus, wie deine Gedanken dich vom Moment des Lebens entfernen. Dann hast du die erste Schicht durchgraben und stößt auf die zweite.

Die zweite Schicht ist die der Emotionen. Emotionen sind abhängig von Glaubenssätzen. Wie wäre es, wenn niemand dir beigebracht hätte, dass du Leistung bringen musst, um anerkannt zu sein? Würdest du dich dann auch schämen, wenn du auf der Arbeit einen Fehler machen würdest? Der Verstand hilft uns, die Emotionen zu ordnen, zu interpretieren. Er kann als Hilfsmittel eingesetzt werden, wieder zu den Glaubenssätzen vorzudringen und sie zu erkennen. Die Begriffe „Scham", „Wut" und „Stolz" sind Hinweisschilder zu deinem tieferen Selbst. Sie sind aber nicht du selbst.

Emotionen sind an die Aktivität des Verstandes gekoppelt.

Die Angst, die du spürst, wenn du auf einem Balkon in der 10. Etage stehst und in die Tiefe schaust, entsteht nicht in deiner Seele, sondern weil dein Verstand sich vorstellt, dass er vielleicht hinunterfallen könnte. Durch die Vorstellung werden Stoffe im Gehirn freigesetzt, die dich diese Angst im Körper spüren lassen. Die Seele jedoch kennt die Gesetze des Universums und weiß, dass bloßes Schauen keine Gefahr für den Körper bedeutet. Der Verstand produziert Angst aus Erfahrungen der Vergangenheit, er erinnert sich daran: hoch = gefährlich. Angst ist die entsprechende Emotion. Der Verstand produziert diese Emotion immer wieder, bis er etwas Neues lernt. Ein Therapeut kann dir helfen, deinen Verstand umzuprogrammieren, z. B. in „hoch = ungefährlich, wenn ich auf mich aufpasse". Wenn das glückt, spürst du Erleichterung und kannst dich vielleicht besser mit deinem Inneren verbinden. Statt dich umzuprogrammieren könntest du auch meditieren, in deine Mitte finden und mit dem göttlichen Teil in dir in Kontakt treten. Auch das löst Freude aus. Sie ist ein Zeichen, dass du mit deiner natürlichen Lebensfreude und inneren Weisheit verbunden bist. Sie ist keine Emotion, die entsteht, weil einer deiner Glaubenssätze bestätigt worden ist („Höhe macht Angst"), sondern eine Körper-Sensation; ein Gefühl, das in deiner Mitte entstanden ist, weil du mit dir selbst in Kontakt warst (=dritte Schicht). Deine Emotionen stellen die zweite Schicht dar, die du auf dem Weg in die Mitte durchgraben musst.

Emotionen sind sehr kraftvoll. Oft haben wir Angst vor ihnen und lassen nicht zu, dass sie sich ausbreiten. Vielleicht hat uns auch ein Glaubenssystem verboten, bestimmte Emotionen in unserem Leben zuzulassen. Mach dir bewusst, dass der Verstand ein Teil deines Gehirns ist und dass Emotionen im Gehirn entstehen. Wenn du Gedanken oder Emotionen nicht haben und sie verdrängen willst, lehnst du damit einen wichtigen Teil deiner selbst ab. Würdest du ein Bein oder einen Arm deines Körpers ablehnen? Du hast die dritte Schicht erreicht, wenn du gelernt hast, zuzulassen. Oft braucht es Zeit, aber irgendwann wirst du dazu bereit sein. Hab Geduld.

Diese Schicht erreichst du, wenn du so weit bist, deine Emotionen zuzulassen. Damit bist du fast in deiner Mitte. Du bist in der Schicht der sogenannten Körper-Sensationen. Um sie zu durchdringen, brauchst du den Mut, deine Emotionen zuzulassen, ohne ihnen zu folgen. Es ist nicht nötig, Wut auszudrücken, wenn du wütend bist. Lass sie da, wo sie ist. Lass sie sich einfach in deinem Körper ausbreiten wie eine angenehme, warme, weiche Freundin, die du gerne im Arm hältst und spüre dabei, welche Empfindungen dein Körper dabei hat. Alsbald bist du durch die dritte Schicht der Körper-Sensationen gelangt und in deiner Mitte angekommen.

Körpersensationen zulassen üben

Kannst du dich daran erinnern, wie es sich anfühlt, verliebt zu sein?

Wo hat es gekribbelt?

Wie war der Herzschlag?

War dir warm oder kalt?

Lass diese Körper-Sensationen für einen Moment wieder in dir aufsteigen.

Kann es so eine Weile in dir bleiben? Probier es aus.

Was geschieht, wenn du diesen Zustand eine Weile zulässt?

Wir haben unterschiedliche Dinge erlebt und erfahren, das macht es für die einen schwieriger, für die anderen leichter, sich bis zum Kern vorzugraben. Wenn du aus der zweiten Schicht der Emotionen schnell in die Mitte durchdringst, nimmst du sie vielleicht als sehr erfüllt und intensiv wahr. Fällt es dir leicht, die dritte Schicht zu durchgraben, dann erlebst du die Mitte vielleicht eher als ruhig und maßvoll.

Das sind nur zwei Möglichkeiten, wie eine Reise in die Mitte erfahren werden kann. Jeder Einzelne erlebt das Gefühl, aus seiner Mitte zu handeln, anders. Hast du in deine Mitte gefunden, erkennst du, dass du vom Leben getragen wirst und dass dir nichts geschieht, was nicht deinem Wachstum dient.

Alles, was du schulen musst, ist deine Wahrnehmung, in welcher Schicht du dich gerade befindest; dann wird es dir immer wieder leicht gelingen, zu deiner Wahrheit zu finden. Das kann anfangs nur ein kurzer Moment sein, es kann aber auch andauern. Egal, wie lange der Moment ist, den du dich mit deiner Mitte verbunden fühlst – wenn du es einmal geschafft hast, ist es immer wieder möglich.

Nimm jede Schicht als willkommenes Hinweisschild, das dir den Weg zu deiner Wahrheit zeigt. Erkunde jede einzelne, lass sie auf dich wirken. Experimentiere. So findest du in deine Mitte, und gleichzeitig findest du wahren Kontakt zu anderen Menschen. Wenn du deine Emotionen, Gedanken und Wünsche ablehnst und unterdrückst, isolierst du dich von dir selbst und von deinen Mitmenschen. Du hörst Worte zwar, aber sie erreichen nicht mehr dein Inneres. Deine Gedanken kreisen nur um dich selbst und um die Gedanken anderer, und du wirst dich immer wieder für dies und jenes selbst verurteilen.

Dein Körper und deine Seele können das eine Weile mitmachen. Doch irgendwann wirst du spüren, dass es noch mehr gibt. Und du wirst dich nach wahren zwischenmenschlichen Beziehungen sehnen. Wenn du an diesen Punkt gekommen bist, grabe weiter, um in deine Mitte zu gelangen und nicht mehr von dir selbst getrennt zu sein. Dazu ist es notwendig, die Situation anzuerkennen, in der du dich befindest, und Veränderung zuzulassen, wenn es an der Zeit ist. Der Moment, an dem du dich durch die nächste Schicht auf dem Weg in deine Mitte graben sollst, zeigt sich ganz von allein. Sei aufmerksam und bereit, dich zu verändern, wenn der Zeitpunkt gekommen ist.

Wenn du ein eher rationaler Mensch bist, zeigt sich vielleicht eines Tages eine Emotion in dir, die du als neu und störend empfindest.

Vielleicht stirbt dein Haustier, und obwohl du rational verstehst, dass Hamster nun mal nur zwei Jahre leben, fühlst du dich traurig und leer. Das ist ein guter Moment, Trauer und Leere zuzulassen, diese Emotionen einfach da sein zu lassen, so wie sie sind. Versuche nicht, sie zu verdrängen, aber forciere sie auch nicht, indem du dich z. B. zum Weinen zwingst, bloß weil dir das eine angemessene Reaktion auf Verlust und Tod zu sein scheint. Wenn du das schaffst, hast du dich wieder ein bisschen näher an deine Mitte herangegraben. Und das Leben hat dir den Anlass zum Graben von ganz allein gegeben, ohne dass du danach suchen musstest.

Für den Weg in die Mitte gibt es kein Patentrezept. Es gibt auch kein Muss. Du musst nicht in bestimmten Situationen so oder anders reagieren, um in die nächste Schicht vorzudringen und schließlich in deine Mitte zu finden. Früher oder später wird es dir automatisch gelingen, dem Weg zu deinem Wesenskern zu folgen, denn er ist der natürliche, vom Leben bestimmte Weg. Er wird dich zu Wachstum und zwischenmenschlichen Bindungen führen. Du wirst niemanden mehr be- und verurteilen, weder dich selbst noch dein Gegenüber. Denn du weißt: Du bist, wie du bist, und deine Mitmenschen sind, wie sie sind.

Ich habe bereits darüber geschrieben, dass die Menschen in deinem Umfeld nicht unbedingt erkennen, dass du dich auf dem Weg zur Wahrhaftigkeit befindest, dass du aufhörst zu reagieren und stattdessen aus deiner Mitte heraus handelst. Denn genauso wie der Weg in die eigene Mitte ist auch der Aufbau von wahren zwischenmenschlichen Beziehungen ein Prozess, der Zeit braucht. Es braucht Zeit, bis aus dem Samen, den du streust, ein starker Baum wird. Am Anfang, wenn die Pflanze Wahrhaftigkeit noch klein ist, werden oft Zweifel in dir aufkommen, ob du dich wirklich auf dem richtigen Weg befindest. Die Reaktionen deiner Mitmenschen lassen die Frage in dir entstehen, ob es nicht besser gewesen wäre, anders zu handeln. Der Verstand behält noch lange die Kontrolle über dich und drängt sich immer wieder in den Vordergrund. Doch mit der Zeit wirst du erkennen, wann der Verstand versucht, dich von deiner Wahrheit zu trennen.

Doch nicht nur der eigene Verstand stellt sich manchmal in den Weg. Auch dein Gegenüber muss sich zu einem gewissen Grad seiner selbst bewusst sein, um zu erkennen, dass du dich authentisch verhältst.

Achte darauf, dass Reaktionen von weniger bewussten Menschen auf dein authentisches Handeln dich nicht von deinem Weg abbringen, auch wenn sie negativ sind. Dass man auf dich reagiert, ist völlig natürlich. Nimm jede der Reaktionen, die dir begegnen, wieder als Hinweis für deinen weiteren Weg. Nicht jeder ist auf der Suche nach Wahrhaftigkeit, deswegen wird nicht jeder dich verstehen und mancher sich durch deine Suche vielleicht sogar bedroht fühlen.

Ein eher unbewusster Mensch, der von seiner Mitte sehr weit entfernt ist, bemerkt vielleicht gar keinen Unterschied zwischen dir und unbewusst handelnden und reagierenden Menschen. Er hört dir zu mit Ohren und Verstand, er nimmt deine Worte auf, interpretiert, kategorisiert. Herz und Seele dieses Menschen wirst du nicht erreichen. (Das Thema „bewusstes Zuhören" greife ich weiter unten noch einmal auf.) Ein solcher Gesprächspartner kann zwischen authentischem Handeln und unbewusstem Reagieren nicht unterscheiden, selbst wenn du ihn dazu aufforderst. Er hat noch nicht erfahren, wie es sich anfühlt, wenn jemand authentisch handelt, er weiß nicht, was das in ihm selbst auslöst. Er hat sich mit der eigenen Mitte noch nicht beschäftigt, er kennt sie nicht. Wahrscheinlich ist es ihm vertraut, zu analysieren, zu denken, einzuordnen und zu bewerten. Er hat deswegen kein schlechteres Leben, missverstehe das nicht. Es geht hier nicht um Wertung. Er lebt ein anderes Leben. Prüfe für dich, wie gut dir Kontakt zu Menschen tut, die ihr Leben ohne das Wissen um die eigene Mitte leben. Es kann sehr erfrischend sein, aber es kann auch an deinen Kräften zehren. Wenn unbehagliche Gefühle und Körper-Sensationen in Gegenwart eines anderen bei dir aufkommen, kann es bedeuten, dass du dich in seiner Gegenwart von deiner Mitte entfernst und erst Stabilität in dir finden musst, bevor du dich mit ihm weiter auseinandersetzt.

Jemand, der bereits eine Idee von Bewusstsein entwickelt hat, sich vielleicht schon mit der eigenen Mitte beschäftigt hat und weiß oder ahnt, worauf er bei zwischenmenschlicher Kommunikation achten kann, wird bemerken, dass authentische Worte von dir eine andere Wirkung in ihm erzeugen, als das, was aus dem Verstand heraus gesagt wird. Unechte Worte lösen in ihm vielleicht ein Schwäche-Gefühl oder Langeweile aus, oder er reagiert genervt. Das Gespräch wird ihn wenig oder gar nicht weiter beschäftigen. Möglicherweise wendet er sich ab, wechselt das Thema oder antwortet mit Floskeln. All das tut er teils bewusst, teils unbewusst. Gehst du selbst jedoch authentisch mit diesem Menschen um, kann es sein, dass er zu dir sagt: „Du bist heute irgendwie anders." Oder er reagiert verblüfft, weil dein Verhalten sich verändert hat. Zugleich wird er feststellen, dass das Gespräch auf irgendeine Weise einen tiefen Eindruck hinterlässt. Das kann eine Spannung zwischen euch sein, die ihm im Gedächtnis bleibt, oder auch ein gutes, konstruktives Gespräch, das sich zwischen euch entwickelt hat.

Mit „Mitreisenden" wächst du gemeinsam, gelegentlich mit Spannungen, ab und zu auch einfach in Harmonie und Freundschaft. Sie bleiben, solange es beider Wachstum dient und weichen von deiner Seite, wenn sie ihre Erfahrungen in einem anderen Tempo als du machen. Durch den Kontakt zu Mitreisenden lernst du, dem Leben und seinem Fluss zu vertrauen.

In der Begegnung mit authentischen Menschen, die den Weg bereits ein Stück gegangen sind, bleibt dir eigentlich keine andere Wahl, als selbst wahrhaftig zu sein, denn Bewusstheit und Wahrhaftigkeit übertragen sich, sobald sie erkannt werden und wir uns einlassen. Solche Begegnungen sind jedoch selten. Im Kontakt entdeckst du unter Umständen Dinge in dir, die du gar nicht so gerne sehen wolltest, z. B. dass du traurig oder frustriert bist. Du erkennst dann, dass du auf deiner Reise Hilfe brauchst – in Form von Spiegeln, Mitreisenden, Lehrern.

Ein bewusstes Gegenüber ist in der Lage, in seinem Körper zu fühlen, welche Kraft von deinen Worten ausgeht. Es spürt, ob du mit dir und deiner Mitte verbunden bist und ausprichst, was wirklich in dir ist. Durch diesen Menschen wiederum erkennst du selbst sehr genau, wo du dich gerade befindest – in oder außer dir oder irgendwo dazwischen. Eine Begegnung mit einem Meister ist deshalb intensiv und heilsam. Du fühlst dich vollständig. Vertrauen entsteht, Wachstum wird möglich. Sich mit authentischen Menschen zu umgeben, ist nicht immer einfach, denn du wirst mit dir selbst konfrontiert. Aber es stärkt auch die Brücke zwischen deinem Innen und deinem Außen. Nach und nach wird sie so stabil, dass sie auch in deinem Alltag nicht mehr einstürzt.

Wenn sich im Laufe deines Weges zu dir selbst jemand von dir abwendet, bedeutet das vielleicht, dass er dir nicht folgen kann, deinen Weg nicht versteht oder verunsichert ist. Sieh es mit Liebe, Anerkennung und Respekt. Menschen teilen immer nur Wegabschnitte miteinander.

Bewusstheit bringt bewusstes Sein

Es gibt einen Machtkampf zwischen dem Bedürfnis, das innere Empfinden auszudrücken und die Wirkung anzuerkennen, und dem Verstand, der die Wirkung nicht aushalten möchte. Je klarer du deinem Gegenüber dein Inneres zum Ausdruck bringst und je eindeutiger du aus deiner Mitte heraus handelst, desto größer ist der Karton mit alten, unbewussten Denkmustern, den dein Verstand aus dem Keller holen muss, und desto unangenehmer kann der Inhalt des Kartons für den Verstand sein. Deswegen können wir nicht von heute auf morgen authentisch sein und ausschließlich aus unserer Mitte heraus handeln. Wir wären maßlos überfordert. Wann immer es dir gelingt, vollkommen echt zu sein, wird der Verstand versuchen, dagegen anzugehen, um die Wirkung der authentischen Tat oder Aussage zu schwächen. Diese ganz natürliche Gegenreaktion hat ihren Ursprung in den Glaubenssystemen. Du kannst es nicht verhindern. Aber das ist auch gar nicht nötig. Was du tun kannst, ist, die alten Denkmuster wie Schuldgefühle oder Scham zu beobachten, die der Verstand hervorholt, nachdem du dich authentisch verhalten hast. Es geht nur darum, dir über das Vorhandensein dieser Denkmuster klar zu werden, nicht darum, sie zu bekämpfen. Das Glaubenssystem, aus dem bestimmte Denkmuster hervorgehen, gehört zu dir wie ein Körperteil. Du kannst es nicht einfach ausschalten oder wegtherapieren. Aber durch Beobachtung entziehst du ihm die Macht, auch wenn es immer wieder versuchen wird, deiner Wahrhaftigkeit entgegenzuwirken.

Ich benutze an dieser Stelle für die Authentizität gerne das Symbol des Katalysators. Ein Katalysator ist ein chemischer Stoff oder ein Apparat (im Auto), der chemische Reaktionen beschleunigt, ohne sich dabei selbst zu verbrauchen. So beschleunigt der Katalysator im Auto die Bildung von Kohlendioxid aus Kohlenmonoxid beim Verbrennungsprozess von Benzin während des Fahrens. Kurz: Der Katalysator bewirkt, dass das Benzin besser verbrannt wird. Oder im Haushalt: Zur Reinigung von angelaufenem Silber legt man den

Schmuck oder das Besteck zusammen mit Alufolie in eine Schüssel Wasser. Hier wirkt das Aluminium als Katalysator.

So ähnlich wirkt deine Authentizität, deine Verbindung mit deiner inneren Wahrheit. Sie fangen an, unbewusste Lebensinhalte zu entdecken. Dazu gehören unerwünschte Gefühle, Empfindungen und Glaubenssysteme. Wenn du einem bewussten Menschen gegenüberstehst, ist es so, als ginge in deinem Unterbewusstsein eine Lampe an. Du siehst Dinge, die dir vorher verborgen waren. Deine Wut, deine Trauer und dein Groll werden sichtbar – all das, was zuvor durch ein Glaubenssystem verdeckt war. Du spürst auf einmal den Schmerz, den die starre Maske über deinem wahren Antlitz verursacht.

Nicht jeder ist ein Suchender

Wer aus seiner Mitte heraus handelt, geht das Risiko ein, gemieden zu werden. Vielen Menschen macht es Angst, wenn ihre Verhaltensmuster auch nur indirekt hinterfragt werden. Sie haben Angst vor ihrer Verletzlichkeit und Weichheit, so wie du selbst vielleicht auch. Aber du hast den Mut aufgebracht, neue Erfahrungen zu suchen, trotz deiner Angst, und dich mit deiner Offenheit und Wahrhaftigkeit zu zeigen. Manche Menschen scheuen sogar ihre eigene Kraft. Sie haben irrationale Befürchtungen darüber, was geschehen könnte, wenn sie ihre Kraft leben. Auch diese Angst entsteht aus den Glaubenssystemen. Aber mach dir keine Sorgen. Jeden Frühling wachsen dem Baum von ganz allein neue Blätter. Je mehr Blätter er im Herbst verliert, desto mehr kommen nach und desto größer wird die Krone.

Sollten sich Menschen von dir abwenden, akzeptiere es und nimm es als Zeichen dafür, dass du dich bewegt hast, einen weiteren Schritt zu dir hin gemacht hast. Das gilt für Freunde, die mit deiner Veränderung nicht zurecht kommen, aber auch für Kunden, Klienten, Familienmitglieder, Kollegen.

Wir befinden uns alle auf unterschiedlichen Bewusstseinsebenen. Und nicht jeder ist ein Suchender. Darum wirst du ab und zu auf Menschen treffen, die deine Wahrhaftigkeit als unbequem empfinden. Durch deine Anwesenheit und dein authentisches Verhalten bringst du sie dazu, sich selbst besser zu erkennen: Sie treten automatisch in Kontakt mit dem, was sie authentisch machen würde. Sie können für einen kurzen Moment ihre Gedanken sehen, ihre Gefühle spüren und sogar ihre Glaubenssätze wahrnehmen. Es ist ein Lichtblitz, der ihnen aufgrund der langen Dunkelheit in den Augen schmerzt. Wahrhaftigkeit bringt nicht nur Bewusstheit, sondern stellt auch Glaubenssätze in Frage.

Glaubenssysteme sind so stark in den Verstand eines Menschen eingebrannt, dass sie ein Teil der Persönlichkeit werden. Wenn Wahrhaftigkeit also Glaubenssysteme in Frage stellt, stellt sie damit automatisch die Persönlichkeit deines Gegenübers in Frage. Das macht seinem Verstand Angst. Und daher bevorzugen wir, den anderen zu verurteilen. Dieser Prozess läuft sehr schnell und subtil ab und wird oft nicht bewusst wahrgenommen. Es entsteht häufig nur eine Art Unbehagen im Gegenüber, gegen das sein Verstand ankämpfen wird. Der Verstand möchte aus Unsicherheit lieber seine eigene Dunkelheit aufrechterhalten.

Und dabei ist er ziemlich clever. Ebenso schnell wie der Lichtblitz des Bewusstseins aufleuchtet, findet der Verstand eine Möglichkeit, in die Dunkelheit zu fliehen. Er hat subtile Abwehrmechanismen, er hat logische Erklärungen parat oder beruft sich auf gesellschaftliche Normen. Seine Maßnahmen gegen die Wahrhaftigkeit sind vielfältig: Manchmal wird der Verstand müde. In einem solchen Fall wird dein Gegenüber gähnen. Manchmal wird er wütend oder findet Gründe, wieso er den Kontakt zu dir meiden sollte. Manchmal macht er Witze und maskiert seine wahren Untiefen durch Lachen. Je stärker die Angst deines Gegenübers ist, das eigene Unbewusste ans Licht zu bringen, desto stärker fällt auch seine Reaktion aus.

Solltest du also mit authentischem Verhalten bei anderen auf Abwehr stoßen, versuche, in der entsprechenden Situation mit der Kraft in Verbindung zu bleiben, die aus der Liebe des Lebens zu allen Lebewesen herrührt. So kannst du dich vor verletzenden Reaktionen schützen. So eine Reaktion geht nicht gegen dich und sie bedeutet auch nicht, dass du etwas falsch gemacht hast. Es geht darum, dass der Verstand deines Gegenübers sich wehrt.

Und wenn du doch verletzt bist durch die Reaktion des anderen, dann lass diese Körper-Sensation sich frei in deinem Körper bewegen, bis sie sich verändert oder verschwindet.

Die folgende Übung zeigt dir, in welche Richtung dich das Handeln aus deiner Mitte führt. Du erkennst, welche inneren Verbote dich von deiner Mitte trennen und welches Glaubenssystem in dir vorhanden ist. Stell dir folgende Frage:

Welche Verbote trennen dich von Deiner Mitte?

Welche Regung entsteht in dir am ehesten, wenn du darüber nachdenkst, dass du unbequem bist,

weil du einfach so bist wie du bist?
weil du alles, was ist, so lassen kannst?
weil du anerkennst, wie es ist, ohne es anders haben zu wollen?
weil du in deinem Körper spürst, welche Emotionen, Gedanken, Körper-Sensationen sich dort befinden, und sie einfach beobachtest?
weil du Zugang bekommst zu der Körper-Sensation, die die Liebe
des Lebens zu allen Dingen widerspiegelt?
weil du gelassen und heiter bist, ohne dabei etwas zu verstecken
und zu unterdrücken?
weil du dich mit all deiner Verletzlichkeit öffnest?

Woran erkennst du einen wahrhaftigen Menschen?

Wahrer Kontakt ist sowohl nährend und harmonisch als auch herausfordernd. Hier sind einige Fragen, mit denen du herausfinden kannst, ob dein Gegenüber mit seinem Inneren und gleichzeitig mit dir in Verbindung steht. Je mehr dieser Fragen du mit ja beantworten kannst, desto verbundener mit seiner Mitte ist dein Gegenüber:

Spürst du, dass das, was dein Gegenüber sagt, wahr ist?
Vertraust du dem, was dein Gegenüber sagt?
Hörst du deinem Gegenüber gerne zu?
Wie lange hörst du mit Freude zu?
Fühlst du dich genährt, gekräftigt und in deiner Mitte nach dem Gespräch mit diesem Menschen?
Hast du Lust, dich wieder mit der Person zu treffen?
Kannst du dir vorstellen, dem anderen deine geheimsten Sorgen anzuvertrauen?
Glaubst du, dass dein Gegenüber dich versteht?
Gerätst du an deine Grenzen?
Wirst du, wird dein Handeln und Denken in Frage gestellt?
Spürst du, dass du gemocht wirst, auch wenn dein Gegenüber es nicht ausdrücklich sagt?
Gelangst du im Gespräch mit deinem Gegenüber zu Erkenntnissen, von denen manche aufschlussreich und andere vielleicht unangenehm sind?

Authentizität ist sehr facettenreich. Einige wichtige Punkte sollen hier erwähnt werden: Der Mensch, der aus seiner Mitte heraus lebt und agiert, ist mit seiner Liebe, seinem Herzen, seinem göttlichen Kern verbunden. Er hat zugelassen, dass sich sein Innen und sein Außen miteinander verbinden und sich austauschen. Das bedeutet nicht, dass er mit allem, was er sagt oder tut, Harmonie ausstrahlt. Ganz im Gegenteil. Es kann sein, dass du dich im Gespräch mit diesem Menschen zunächst unwohl fühlst. Je mehr du dich von Glaubenssystemen beeinflussen lässt, desto schwieriger ist der Umgang mit jemandem, der aus seiner Mitte heraus agiert, denn wahrscheinlich handelt er nicht deinen Erwartungen entsprechend, da sein Verhalten frei ist von Glaubenssystemen, Vorgaben und Zwängen. Es kann sein, dass er dich auf etwas aufmerksam macht, was du selbst bisher nicht sehen wolltest. Vielleicht kommen dir seine Reaktionen oder sein Verhalten unüblich vor.

Wenn du jedoch auch nur ein klein wenig dazu bereit bist, vorgefertigte Meinungen loszulassen und dich dem Moment zu öffnen, dann spürst du in Gegenwart eines solchen Menschen, dass er sich mit dir auf eine bestimmte Art verbindet. Er steht in Kontakt mit dir. Vielleicht kannst du sogar die Liebe dieses Menschen fühlen. Es ist möglich, dass du seine Anwesenheit spürst, auch wenn du ihn nicht siehst. Manchmal spürt man die Anwesenheit eines Menschen, der mit seiner Mitte verbunden ist, weil man sich selbst plötzlich als sehr weich und offen wahrnimmt. In der Begegnung mit einem authentischen Menschen kann es passieren, dass du ganz plötzlich gute Laune bekommst, oder dass du traurig wirst. Vielleicht spürst du auch ein unbekanntes Knacken irgendwo in deinem Körper oder andere Sensationen, die nicht alltäglich sind.

Wenn du mit jemandem sprichst, der mit sich verbunden ist, spürst du Kraft und Wahrheit in seinen Worten. Er erzählt von eigenen Erfahrungen und plappert keine Weisheiten nach. Selbst wenn er über Allgemeinheiten spricht, kannst du spüren, dass er zuvor erfahren und beobachtet hat, wovon er berichtet. Seine Worte versetzen deinen ganzen Körper in Schwingung, manchmal merklich, manchmal unmerklich. Seine Worte dringen in dich und klingen nach. Sie werden aus deinem Innersten wieder auftauchen, wenn du sie brauchst. Ein authentischer Mensch schaut durch deine Fassade direkt in dein Herz. Er durchschaut deine Glaubenssysteme und nimmt dich als das wahr, was dich in deinem Kern ausmacht. Er ist interessiert an dir und hilft dir schon allein durch seine Anwesenheit. Er ist einfach vollkommen präsent. Er hält sich zurück und drängt nichts auf. Er fordert nicht, er zwingt nicht. Er akzeptiert dich so, wie du bist.

Woran erkennst du,
dass du wahrhaftig handelst?

Wenn du aufmerksam gelesen hast, ist dir vielleicht aufgefallen, dass du durch wahrhaftiges Handeln vor allem Kraft schöpfen und tiefe zwischenmenschliche Bindungen eingehen kannst. Das sind zwei elementare Dinge, nach denen wir uns alle sehnen. Je erfüllter du dich in Bezug auf diese beiden elementaren Dinge fühlst, desto besser ist es dir gelungen, wahrhaftig zu sein.

Wenn du in einer Situation wahrhaftig gehandelt hast, fühlst du dich sofort voller Kraft und Liebe. Es ist tatsächlich, als wärst du verliebt. Dein Körper fühlt sich federleicht an, deine Laune hebt sich, und die ganze Welt ist rosig. Alle Schmerzen verschwinden, du kannst klar sehen und gut hören. Du bist hellwach und gelassen. Man empfindet eine gelungene wahrhaftige Verbindung zu einem Menschen als Glückserlebnis.

Was kommt nach der authentischen Handlung?

Alle Reaktionen, die sich nach einer authentischen Handlung entwickeln und sich anders anfühlen, sind nicht durch das Handeln aus der Mitte entstanden, sondern aus dem Glaubenssystem, das sich unmittelbar danach wieder eingemischt hat. Dieses Wechselspiel wurde bereits beschrieben. Du kannst Wahrhaftigkeit in dir auf zweierlei Weisen erfahren: Zunächst fühlst du dich, als wärst du verliebt. Dieses Gefühl bezeichne ich als die Kraft, die freigesetzt wird durch wahrhaftiges, authentisches Verhalten. Sie ist reine Lebensenergie. Sie ist sehr stark, deswegen kann der Verstand sich regelrecht überwältigt fühlen. Er bangt nach einer authentischen Handlung jedes Mal um seine Macht und seine Kontrolle und wird versuchen, gegen diese Kraft anzugehen, indem er das passende Glaubenssystem dagegenhält. Das kann die Angst sein, etwas falsch gemacht zu haben. So kommt der Verstand mit seinen Glaubenssystemen wieder an die Macht. Alles, was du nach dem ersten Hochgefühl spürst, sind Emotionen, die der Verstand hervorruft und die dich wieder schwächen sollen (und auch tun). Der Wechsel zwischen Hochgefühl und Dämpfer gehört zu den Erkennungszeichen für einen wahrhaftigen Kontakt.

Du kannst wahrnehmen, ob du aus deiner Mitte heraus gehandelt hast: Lass auch anderen Empfindungen freien Lauf. Direkt nach einer authentischen Handlung, noch bevor der emotionale Rattenschwanz des Glaubenssystems auftaucht, kommt es oft zu Schwindel und Übelkeit, als körperliche Reaktion auf den ungewohnt starken Energiefluss. Wenn dir also schwindelig oder übel wird, nachdem du einem Menschen authentisch begegnet bist, mit all deiner Verletzlichkeit und Weichheit, mit deiner Offenheit und Aufmerksamkeit, mach dir keine Sorgen. Es ist alles in Ordnung mit dir. Dein Körper muss einfach mit diesem spontanen Energieschub umgehen lernen. Du wirst dich daran erinnern, wenn es passiert. Es ist ein guter Indikator für eine authentische Handlung.

Auch an deinem Gegenüber kannst du prüfen, ob der Kontakt zwischen euch echt war. Wie in Teil 2 beschrieben, kann dein

Gegenüber mit Abwehr und Widerstand reagieren. In diesem Fall bleibe Beobachter. Es kann gut sein, dass zwischen dir und deinem Gegenüber während des Gespräches zunächst alles in Ordnung ist. Es fällt dir leicht, authentisch zu sein und dein Inneres unverhüllt zu zeigen. Der andere hört zu, scheint weich und aufnahmebereit. Dann kann es passieren, dass einige Zeit nach eurer Unterhaltung dein Gesprächspartner erneut mit dir in Kontakt tritt, um etwas zu kritisieren. Sein Verstand war im Nachhinein nicht einverstanden mit der Weichheit und Verletzlichkeit, die er in eurem Gespräch gezeigt hat. Er hat Angst bekommen und möchte nun wieder Distanz zwischen euch aufbauen, z. B. durch Kritik.

Oder dein Gegenüber lässt wirkliche Tiefe im Gespräch zu. Es entsteht das Gefühl von echter gegenseitiger Zuneigung und Verständnis, unbeeinflusst von einem Glaubenssystem, getragen von einer liebevollen Intelligenz, die wirklich spürt, was im Gesprächspartner vorgeht. Du stehst in aufrichtigem Kontakt mit dem anderen. Diese Verbindung nährt euch beide. Sie gibt Kraft und lässt euch wachsen. Egal ob ihr euch einig seid oder einen Konflikt austragt. Mit der Haltung von gegenseitigem Respekt ist selbst eine aufrichtig ausgetragene Meinungsverschiedenheit erfüllender als oberflächlich ausgetauschte Freundlichkeiten.

Ein Gespräch, in dem die Gesprächspartner eine Verbindung eingehen, bleibt in Erinnerung und bewirkt Veränderung. Vielleicht hast du um Hilfe gebeten, dann bekommst du Hilfe, auch wenn es manchmal auf den ersten Blick nicht danach aussieht. Vielleicht hast du um Klärung gebeten, oder einfach um Liebe und Aufmerksamkeit. Wahrer Kontakt kann dir all das geben.

Göttlicher Funke und teuflische Glut – unser Verstand

Unglücklicherweise hat der Verstand die Fähigkeit, den göttlichen Funken nachzuahmen. Er produziert durch seine ihm innewohnende Speicher- und Nachahmungsfunktion ähnlich aussehende und ähnlich wirkende Phänomene, wie der wahre Pfad von Herz zu Herz sie erzeugen würde. Diese nachgeahmte Wahrhaftigkeit und inszenierte Liebe kannst du häufig im Verhalten selbsternannter Spiritueller entdecken. Frage dich also in jeder Begegnung, ob die Worte deines Gegenübers dich berühren, oder ob es einfach nur redet.

Die Täuschungen des Geistes sind wie eine Droge: Sie erfüllen dich für einen kurzen Augenblick, aber ihre Wirkung ist nicht nachhaltig. Bald glaubst du, dass du sie brauchst.

Der göttliche Funke schafft keine Abhängigkeiten. Denn er ist das Leben selbst. Abhängigkeit ist keine natürliche Eigenschaft des Lebens, ebensowenig Zwang oder andere Symptome von Sucht. Der Verstand aber erzeugt Sucht. Jedoch speichert er ebenso eine positive Erinnerung, wenn es dir gelungen ist, die Wirkung des göttlichen Funken zu erfahren. Er überlistet sich selbst, indem er sich nach einigen positiven Erfahrungen danach sehnt, mehr aus der Mitte heraus zu handeln, um den göttlichen Funken erneut zu erfahren.

Wenn du aus deiner Mitte heraus agierst, verwirrst du deine alten Konzepte. Der Verstand deines Gegenübers wird also vielleicht nicht so reagieren, wie du es normalerweise erwarten würdest. Egal, wie sich die Reaktion zunächst für dich anfühlt, die Verbindung zwischen euch ist hergestellt und gibt euch beiden die Möglichkeit, seelisch zu wachsen.

Die aus den Glaubenssystemen hervorgehenden Werte und Vorstellungen der beiden Gesprächspartner, die normalerweise immer wieder abgespielt werden, geraten ins Wanken.

Letztlich ergänzt Authentizität die bestehenden Glaubenssysteme um neue Sichtweisen der Welt und unserer Mitmenschen. Und sie gibt Kraft, Mut und Stärke.

Der Verstand ist nur ein Hinweisschild, ein Wegweiser, eine Methode. Das Schild selber wird jedoch an dem Ort, auf den es weist, unwichtig. Wenn du dich in der Hauptstadt befindest, brauchst du kein Schild mehr, das dir den Weg zur Hauptstadt weist. In der wahrhaftigen Mitte ist jede Kommunikationstechnik, jeder Weg, jede Methode, jeder Besitz, jede Einstellung und jedes Glaubenssystem unwichtig.

Beobachte dich und überwinde die Hürden

Traust Du deinen eigenen Worten? Glaubst du, dass dein Gegenüber aufmerksam oder intelligent genug ist, um dich zu verstehen? Welche Möglichkeiten hast du, deinen Zuhörer zu erreichen?

Du kannst zum Beispiel deine Worte mit Bedacht wählen, anstatt darauf zu vertrauen, dass dein Gesprächspartner dich schon verstehen wird. Besonders schwer ist es natürlich, wenn du in Eile bist oder im Hinterkopf hast, dass du perfekt sein musst oder dass dir niemand zuhört und keiner dich versteht. Hierüber wirst du in Zukunft öfter nachdenken. Wenn du dich einmal mit diesem Thema auseinandergesetzt hast, hast du dein Wahrhaftigkeitsmessgerät sowieso immer dabei.

Es ist zum Glück nicht wichtig, ob es dir gelingt, aus deiner Mitte heraus zu handeln, um wahrhaftig zu werden. Durch deine Achtsamkeit allein handelst du schon aus deiner Mitte.

Vielleicht wirst du merken, dass es etwas Übung braucht, um alles bisher Gelesene zu vertiefen und in der Praxis anzuwenden.

Wahrhaftigkeit kann mit oder ohne theoretische Grundlagen wachsen. Sie entsteht von selbst, angeregt durch den Wunsch danach. Ein Ratgeber wie dieser unterstützt und beschleunigt die Suche nach dem einfachsten Weg. Die folgenden sogenannten Hürden sollen dir helfen, deine Kommunikation schnell zu verbessern.

Wie du dich schwächst

Ich beschreibe im Folgenden ein Phänomen, das ich „Entkräftung" nenne. Der Begriff beschreibt eine Art und Weise, mit der man das Gesagte schwächt. Es gibt verschiedene Gründe dafür, warum Menschen das tun.

Es kann nämlich sein, dass ein Glaubenssystem dahinter steckt, das dem Sprecher weismachen will, dass er immer nett sein muss, andere Menschen nicht verletzen oder seine Meinung nicht äußern darf.

Außerdem gibt es einen Teil in uns, der Klarheit als Trennung von anderen Menschen wahrnimmt. Dieser Teil sehnt sich nach Verschmelzung und hat Angst vor dem Verlust des Menschen. Irrational, magst du vielleicht denken. Und damit hast du Recht. Dennoch ist dieser Teil sehr mächtig, denn er hat sich in einer sehr frühen Phase unserer Kindheit bei uns eingenistet, noch ehe wir Sprache gelernt haben und bevor wir rationales Wissen erfasst und zu greifbaren und erklärbaren Dingen kombiniert haben. Dieser Teil sitzt nun wie ein kleiner Mensch in uns und lässt uns glauben, dass, wann immer wir ein deutliches Wort sprechen, unser Gegenüber sich von uns trennt. Es entsteht sozusagen ein Verbot der klaren Worte, welches aus einer tieferen Schicht der Glaubenssysteme stammt.

Egal, ob du mir glaubst oder nicht, und egal, ob du dieses Phänomen an dir bereits bemerkt hast oder nicht, dir wird früher oder später auffallen, dass es diesen Mechanismus gibt und er ein Teil von dir ist. In dem Moment, in dem du die Erkenntnis in dir fühlst, entsteht automatisch Bewusstsein in dir, ganz von allein. Bewusstsein ist ein Schlüssel zur Wahrhaftigkeit, nicht das Gelingen bestimmter sprachlicher Akrobatik.

Gibt es Situationen, in denen du dich nicht getraut hast, deutlich ein Bedürfnis auszusprechen? Fällt dir jetzt keine Situation ein, denk mal, wie du deinem Partner (falls es einen gibt) klar machst oder klar gemacht hast, was du dir wünschst, an eurem Hochzeitstag oder beim Sex. Hast du versucht, auf irgendeine Weise, durch bestimmte Formulierungen, deine Aussage zu entkräften?

Ich werde jetzt ein paar Beispiele aufführen für die Entkräftung der eigenen Worte. Vielleicht erkennst du dich ja in dem einen oder anderen wieder. Es ist nicht weiter schlimm, auf eine so eingeschränkte Weise zu kommunizieren. Und es schmälert meistens auch nicht die Erfüllung der Bedürfnisse. Ich biete dir lediglich Hilfe an, um bewusst zu sein und schon in der alltäglichen Kommunikation aus der Mitte heraus zu handeln.

Viele Menschen benutzen eine der folgenden Taktiken, um das Gesagte wieder abzuschwächen: Rechtfertigung, zu viele Worte, abschwächende Worte oder beschwichtigende Intonation.

Beobachte dich in einer Situation, in der du ein wahres Bedürfnis aussprichst, einmal selbst dabei, wie du dich verhältst, während du es aussprichst und auch danach.

Rechtfertigst du dich? Oder äußerst du dein Bedürfnis übertrieben kraftvoll, was auf der Metaebene ebenso eine Rechtfertigung bedeuten würde? Sind deine Formulierungen weich oder hart? All das sind Indizien dafür, inwieweit du dich traust, dein Inneres nach außen zu kehren, und wie stark du an dem zweifelst, was da zum Vorschein kommt.

Kannst du den Unterschied erkennen zwischen den folgenden drei Arten, eine Bitte zu formulieren?

„Ich möchte, dass du mir Aufmerksamkeit schenkst."

„Ich möchte, dass du mir Aufmerksamkeit schenkst. Du bist schließlich mein Partner."

„Ich habe gerade das Bedürfnis, Aufmerksamkeit zu bekommen. Kannst du sie mir schenken?"

Es ist einzig wichtig zu erkennen, dass jegliche Art der Rechtfertigung oder jeder Zweifel an der Richtigkeit des Gefühlten und Geäußerten der Bitte ihre Kraft entzieht.

Das kann so weit gehen, dass die Bitte deshalb nicht zufriedenstellend oder sogar gar nicht erfüllt wird.

Um deiner Bitte die Kraft nicht zu nehmen, kannst du einfach deinen Gesprächspartner beobachten. Das Wahrnehmen der Situation schwächt das Gefühl, dass die Bitte unbedingt erfüllt werden muss, und bringt eine offene, abwartende Gelassenheit mit sich. Es mag verrückt klingen, dennoch bin ich mir sicher, dass du früher oder später merken wirst, dass es so ist. In der Praxis gehst du also so vor: Bitte um das, was du erfüllt haben möchtest, und setzte direkt danach einen Punkt. Beobachte die Körper-Sensationen, die aufkommen, das Gewissen, das sich meldet, die Spannung, die sich aufbaut.

Das kleine Wörtchen „eigentlich"

Bitte denke kurz über die Antwort in folgendem Dialog nach:
Diana fragt: „Hast Du Lust, ins Kino zu gehen?" Jens antwortet:
„Eigentlich nicht." Vielleicht fällt dir zunächst nichts Besonderes
daran auf. Was glaubst du, wie Diana reagieren wird? Gehen die
beiden ins Kino oder nicht?

Ändert sich etwas, wenn Jens antwortet: „Nein. Dazu habe ich
keine Lust." Wie wird sich Diana fühlen? Gehen die beiden jetzt ins
Kino oder nicht? Eigentlich schon oder uneigentlich doch nicht?
Was denn nun?

Das Wort „eigentlich" ist ein Klassiker und wird sehr häufig verwendet. Stell dir das Wort kurz im entsprechenden Kontext vor.
Wenn Jens zu Diana sagt, dass er eigentlich nicht ins Kino gehen
möchte, dann sind das zwei Aussagen in einer:

Jens möchte nicht ins Kino.

Jens hat einen bestimmten Grund, wieso er das nicht direkt sagen
möchte, z. B. hat er Angst, Diana zu verletzen, wenn er absagt.

Was müsste Jens sagen, um eine authentische Aussage zu tätigen?
Er könnte sagen: „Ich möchte nicht ins Kino gehen." Diese Aussage
kann er ergänzen mit einem „Ich möchte lieber heim." Oder: „Mir ist
es unangenehm, dir diesen Wunsch zu unterschlagen" oder „Welche
anderen Ideen zur Gestaltung unseres Abends hast du noch?" Und
so weiter. Erkennst du, worauf Wahrhaftigkeit abzielt im Gegensatz
zur Entkräftung?

Das Gespräch kann sogar dazu führen, dass Diana und Jens sich sagen, wie gerne sie sich haben. Wenn Jens also sagt „Nein, eigentlich
nicht", bleiben viele Dinge unausgesprochen, die in einer authentischen Handlung Platz finden würden: „Nein, ich möchte nicht
ins Kino. Ich verbringe jedoch gerne Zeit mit dir und möchte gern
etwas anderes mit dir unternehmen." Du spürst vielleicht schon
die Wirkung, während du das liest. Oder: „Ich mag dich sehr und
ich habe Angst, dass du verletzt bist, deswegen sage ich es ungern:
Ich möchte nicht ins Kino." Zu dramatisch? Ganz im Gegenteil.

Vielleicht hat sich Diana schon lange gewünscht, so etwas von Jens zu hören. Wer weiß, ob dein Partner oder ein Nachbar nicht schon lange darauf warten, ein solches nettes Wort von dir zu hören. Wann hast du jemandem das letzte Mal gesagt, dass er dir viel bedeutet und dein Leben bereichert?

Auch das Gegenteil kann der Fall sein. Wenn Jens Diana gar nicht gerne um sich hat, was sollte er dann logischerweise sagen? „Nein, eigentlich will ich nicht ins Kino." Oder: „Nein. Ich möchte nicht ins Kino. Ich bin nicht so gerne mit dir zusammen." Sicherlich verlangt die zweite Variante mehr Mut. Sie bringt jedoch auch Klarheit und führt Diana und Jens schneller dahin, wo sie früher oder später sowieso landen würden: auf getrennte Wege.

Falls dir zufällig jemand einfällt, dessen Gegenwart dich eher bedrückt, ärgert, auslaugt und den du lieber nicht mehr um dich haben möchtest, frag dich mal, was dich bisher daran gehindert hat, es diesem Menschen zu sagen.

Dies ist eine interessante und schnelle Übung, die dich erkennen lässt, wie Glaubenssätze in dir wirken und wie kraftvoll sie sind.

Ich will dich nicht dazu auffordern, diesem Menschen, der dir eben eingefallen ist, sofort zu sagen, dass seine Gegenwart dir unangenehm ist. Ganz im Gegenteil. Wenn dieser Wunsch in dir entsteht, wirst du es von ganz alleine tun und feststellen, wie erleichtert du hinterher bist.

Wie viel deiner kostbaren Lebenszeit benötigst du noch, um zu lernen, zu deinen Bedürfnissen zu stehen und sie zu äußern?

Wann immer das Wort „eigentlich" sich in deine Worte mischen will, sprich es in dich hinein, und sag nur den Rest des Satzes laut. So nimmst du ganz automatisch das gedachte Wort „eigentlich" als Licht, das dein Bewusstsein dazu bringt, einen Glaubenssatz zu erkennen. Ich werde dir das anhand einiger Sätze verdeutlichen. Das (Geschriebene) entspricht den unausgesprochenen Gedanken und entlarvt den Glaubenssatz, der vielleicht im Hintergrund wirkt:

(Eigentlich) möchte ich nicht ins Kino. (Ich will Dich nicht verletzen.)

(Eigentlich) mag ich Dich. (Ich habe Angst, dass Du mich ablehnst.)

(Eigentlich) ist mir Deine Gegenwart unangenehm. (Ich möchte immer nett sein und spreche es deshalb nicht laut aus.)

(Eigentlich) wünsche ich mir ein Haus statt einer Wohnung. (Ich habe Angst vor der Arbeit, das Haus sauber zu halten.)

Durch das bewusste Wahrnehmen des Glaubenssatzes wird Raum geschaffen. Raum ist das Gegenteil von Macht. In Raum entsteht Offenheit für Neues. Macht hingegen engt ein, schmälert, beschränkt. Dazu fällt mir spontan ein lustiger Vergleich ein: Nehmen wir ein stinkendes faules Ei. Es ist der Glaubenssatz. In einem kleinen Raum, dem Unbewussten, ist die Luft schnell „verpestet". Alles stinkt. Im Wald hingegen ist seine Wirkung flüchtig und beeinträchtigt uns nicht. So ist die Wirkung eines Glaubenssatzes in Gegenwart von Bewusstsein vergleichsweise nichtig und das ganz automatisch, ohne Anstrengung.

Bewusstsein schafft Raum, in dem das Negative, das Hemmende, das Beeinträchtigende, oder wie auch immer du es nennen willst, aufgrund der Größe verschwindet. In einem bewussten Menschen ist die Macht negativer Gedanken und behindernder Glaubensysteme wie ein faules Ei im Weltall.

Wenn jemand zu dir einen Satz mit „eigentlich" sagt, frag ruhig mal: „Und uneigentlich?" oder „Was steckt in Wahrheit dahinter, wenn du 'eigentlich' sagst?" Du wirst überrascht sein, welche Tiefe das Gespräch plötzlich bekommen kann.

Das kleine Wörtchen „aber"

Die schockierende Wahrheit lautet: Das Wort „aber" entwertet das vorher Gesagte. Was lösen die beiden folgenden Sätze in dir aus? Frauke sagt: „Ich habe mich sehr wohl gefühlt, aber ich möchte jetzt nach Hause." Tom sagt: „Ich habe mich sehr wohl gefühlt. Und ich möchte jetzt nach Hause." Wer von den beiden hat sich wohler gefühlt?

Lass dir Zeit. Vielleicht bemerkst du auch erst später, dass sich deine Sichtweise verändert.

Das Wort „aber" ist in unserem Sprachgebrauch ebenso stark verwurzelt wie „eigentlich". Vielleicht hast du Lust, während du sprichst, einfach nur zu beobachten, was du wirklich sagst. Hör dir das nächste Mal selbst zu, wenn du das Wort „aber" verwendest, und frag dich, was deine wahre Meinung ist und wie du sie wahrhaftiger ausdrücken kannst.

Es ist glücklicherweise nicht notwendig, dieses Buch auswendig zu lernen. Durch das Lesen und die kurzen Fragestellungen zwischendurch entsteht in dir automatisch Bewusstsein. Dein Gehirn kann gar nicht anders, als das Gelesene abzuspeichern und sich irgendwann daran zu erinnern. Je gelassener du an die Sache herangehst, desto effizienter kannst du die hier beschriebenen Techniken in die Praxis umsetzen. Wenn du dir eine Art zu sprechen antrainierst, die dir nicht entspricht, entfernst du dich von deiner Mitte und damit von dir selbst. Dann wird deine Sprache zum Konzept.

Bewusstsein jedoch ist lebendig. Es ist wie der Samen eines Baumes. Fängt er einmal an zu wachsen, wächst er einfach weiter, ohne dass du etwas tun musst. Er bildet ein Blättchen und ein Zweiglein nach dem anderen, bis daraus schließlich ein ganzer Baum entsteht, der fest verwurzelt ist und Wind und Wetter standhält. Sein Stamm und seine Krone breiten sich immer weiter gen Himmel aus. Der Baum benötigt lediglich Mineralstoffe, Wasser und Sonnenlicht, um zu wachsen.

Dein Bewusstsein benötigt deinen Körper und deine Beobachtungsgabe, um zu wachsen. Alles ist bereits in dir vorhanden. Beruhigend, oder?

Das kleine Wörtchen „man"

Immer, wenn du das Wörtchen „man" aus deinem eigenen Mund oder von anderen hörst, frage dich oder dein Gegenüber: „Wer ist damit gemeint?"

Sätze mit „man" schaffen Distanz, „man" weist die Verantwortung für das Gesagte von sich: „Da ist man verletzt, wenn man so etwas hört." In Wahrheit soll gesagt werden: „Vielleicht verletzt es auch andere, wenn so etwas zu ihnen gesagt wird. Ich jedenfalls war verletzt, als ich es gehört habe." Merkst du den Unterschied? Dem Benutzer von „man" fällt es schwer, seine Verletzung zuzugeben. Das Wort „man" schafft Distanz zu dem Gefühl, das eigentlich zum Sprecher gehört. Oft ist „man" ein Zeichen für den Beginn eines sogenannten verallgemeinernden Glaubenssatzes. Mein Klient Stefan sagt in seinen Sitzungen häufig: „Man ist verletzt, wenn man so was hört." Das beinhaltet also: „Alle Menschen sind verletzt, wenn sie so etwas hören." Und auf einer tieferen Ebene: „Die Aussage, die der andere gemacht hat, ist schlecht". Und es bedeutet auch gleichzeitig, dass Stefan verletzt ist. Gelegentlich sagt er auch: „Das kann man doch nicht machen." Es bedeutet „Niemand ist in der Lage, das zu machen." Und auf einer tieferen Ebene: „Das zu machen, bricht unsere gesellschaftlichen Regeln und ist daher schlecht." Und es bedeutet, Stefan ist entrüstet darüber, dass jemand mit ihm dieses oder jenes angestellt hat.

Das Wort „man" kommt aus einem Teil unserer Psyche, der es sich zur Aufgabe gemacht hat, Regeln, Normen, Werte und Bestrafungen zu regulieren. Wir brauchen diesen Teil, damit unsere Instinkte und egoistischen Verhaltensmuster nicht zu mächtig werden. Doch verhindert dieser Teil, dass wir aus unserer Mitte heraus handeln. Sicher ist dir klar, dass niemand wissen kann, was jemand anderes braucht, um zu wachsen.

Der eine braucht schlechte Erfahrungen, damit er erkennt, dass er nicht auf dem Weg zum Glück ist. Er muss sich erst ein wenig verlaufen, bevor sich ihm sein Weg zeigt. Deshalb solltest du niemanden schonen, denn du nimmst ihm damit vielleicht die Möglichkeit, seinen persönlichen Weg zu finden. Für andere wiederum ist es wichtig, viel zu analysieren, kritisch zu prüfen und zu denken, um irgendwann die Leere dahinter zu entdecken. So trickst der Verstand sich selbst aus. Dieser Weg ist für manche genau der richtige, um zu Erfüllung zu gelangen. Wenn du einem Analytiker das Denken ausredest, weil du in einem esoterischen Buch gelesen hast, denken sei schlecht, dann schneidest du ihn von der Lösung seiner Probleme ab.

Dann gibt es wieder andere, für die es wichtig ist, Emotionen auszuleben, in Harmonie zu baden oder sich von Weltlichem fernzuhalten. Gelegentliches Scheitern zeigt dem Harmoniemenschen, dass das Leben auf der Erde eben auch Negativität, Chaos und bodenständige Pflichten mit sich bringt. Dieser Weg mag dir ungewohnt vorkommen, aber das Leben hat ihn für manche so bestimmt.

Da also alle Menschen verschieden sind, ist es gar nicht möglich, mit dem Wort „man" allgemeingültige Aussagen zu formulieren. Die Aussage „Man muss hart arbeiten, um Wohlstand zu erreichen" trifft also sicher auf manche Menschen zu, kann aber nicht verallgemeinert werden. Es gibt nämlich Menschen, die mit einer Arbeit, die ihnen sehr viel Freude und Erfüllung bereitet und keineswegs hart ist, viel Geld verdienen. Und es gibt auch Menschen, die sehr hart arbeiten und trotzdem weit entfernt davon sind, wohlhabend zu sein.

Zum Schluss noch ein Satz mit „man". Vielleicht kannst du es einmal durch „ich" ersetzen. Vergleiche einfach die Wirkung: „Dieses Buch muss man gelesen haben, um wahrhaftig zu werden." – „Dieses Buch muss ich gelesen haben, um wahrhaftig zu werden." Es ist doch alles gesagt, oder?!

Informationsflut

Was ist wann sinnvoll zu sagen? Was ist sinnvoll zu erwähnen oder wegzulassen? Wenn du gerne viel redest, schwächst du durch die Fülle deiner Worte möglicherweise deine Aussagen. Vielleicht überforderst du dein Gegenüber durch zu viele Informationen. Zu viele Informationen können auch sehr ermüdend sein. Natürlich können auch zu wenige Worte deinen Gesprächspartner verunsichern, so dass er sich zurückzieht, und du die Verbindung zu ihm verlierst. Finde einen Mittelweg, der dir entspricht. Probiere dich aus.

Ist es dir wichtig, dass dein Gegenüber wirklich versteht, was du sagst? Ist es dir wichtig, ob er sich ein Bild von dem machen kann, was du zu erzählen hast? Es ist völlig in Ordnung, wenn du sagst: Nein. Wenn du aber mit Ja auf diese Frage antwortest, dann solltest du jetzt weiter lesen.

Wie viele Details benötigt der andere, um zu begreifen, was du sagen willst? Und welche? Wenn du zum Beispiel von deinem Urlaub erzählst, ist es für deinen Zuhörer relevant, welche Temperatur genau das Wasser hatte? Oder wie viele Palmen am Strand standen?

Wie kannst du deine Erlebnisse am besten vermitteln? Wenn du einfach nur reden willst, um zu reden, dann rede so viel, wie du für richtig hältst. Wenn dir aber daran liegt, deinen Gesprächspartner zu erreichen, etwas mit ihm zu teilen, dann solltest du auf deine Wortwahl achten. Möchtest du Wissen vermitteln oder geht es dir um den Kontakt? Nach welchen Informationen hat dein Gesprächspartner gefragt? Hast du ihm diese Informationen gegeben? Willst du deinem Gegenüber etwas Positives oder etwas Negatives vermitteln? Welchen Eindruck willst du ihm vermitteln? Sind Gefühle gerade wichtig in deiner Erzählung? Ist dein Gegenüber aufnahmebereit und offen für deine Information?

Sicherlich gibt es noch mehr Fragen, die als Leitfaden gelten können. Dies ist nur das Wesentliche, auf das du achten kannst, wenn du möchtest.

Wenn Menschen über etwas sprechen, können Sie das nur tun, weil sie eine Vergangenheit haben. Das Gehirn hat Informationen abgespeichert, und wenn du sprichst, gibst du diese Informationen in Form von Erinnerungen wieder. Die Erinnerungen werden zu einem neuen Bild zusammengesetzt. Dieses Bild oder diese Bilder werden in Worte gefasst und ausgesprochen. Es ist klar, dass nicht alle Informationen wiedergegeben werden, die das Gehirn abgespeichert hat. Sonst würdest du ja zwei Wochen brauchen, um von deinem Urlaub zu erzählen. Da du also nur Fragmente deiner Erinnerungen an den Urlaub wiedergibst, braucht dein Zuhörer eigene Vorstellungskraft, um dich zu verstehen.

Ab besten erreichst du deinen Gesprächspartner natürlich, wenn er selbst im Urlaub dabei war oder Ähnliches erlebt hat. Du kannst deinen Gesprächspartner auch besonders gut über Gefühle erreichen. Versuch doch mal statt einer Fülle von Informationen das zu vermitteln, was du gefühlt hast. Warst du glücklich oder enttäuscht? Wie tiefgreifend waren deine Kontakte? Welches Gefühl bleibt zurück, wenn du jetzt an deinen Urlaub denkst?

Fragst du oder weißt du schon?

Die Intonation eines gesprochenen Satzes ist das Handwerkszeug für den, der nach authentischer Sprache sucht. Bereits in der Grundschule haben wir gelernt, am Ende eines Satzes einen Punkt zu machen und dabei die Stimme zu senken. Im Gegensatz dazu heben wir die Stimme, wenn wir fragen. Wann hebst du in der alltäglichen Praxis des Sprechens die Stimme und wann senkst du sie? Aussagen und Fragen müssen klar getrennt werden. Eine Aussage vermittelt, dass das, was du sagst, für dich feststeht. Du hast den Inhalt der Aussage für dich geprüft und für wahr erklärt.

Durch die Frage möchtest du etwas finden, vielleicht eine Antwort, eine Wahrheit, eine Lösung. Du bist dir noch nicht sicher, sammelst noch Informationen zu einem Thema und möchtest etwas erfahren. Denke einen Moment lang über den Unterschied nach. Er wird dir ganz klar vor Augen treten.

Wie formulierst du also, wenn du jemandem etwas von dir mitteilen möchtest? Fragst du oder triffst du eine Aussage? Und wie sprichst du, wenn du eine Information erhalten möchtest?

Einige Menschen fragen nicht, um Informationen zu erhalten, sondern um sich selbst in den Vordergrund zu rücken oder um andere Menschen zu manipulieren. Wenn Aussagen als Fragen formuliert werden und umgekehrt, oder wenn eine Aussage an einer Stelle ausgesprochen wird, wo eigentlich eine Frage angebracht wäre und umgekehrt, ist der Andere verwirrt. Es entsteht keine Verbindung zwischen den beiden Gesprächspartnern.

Iris hat gekocht, ohne Rolf vorher zu fragen, ob er Hunger hat. Sie sagt zu ihm: „Du hast doch auch bestimmt Hunger." Es besteht keine wahre Verbindung zwischen Iris und Rolf, sondern eine Vermutung (Iris glaubt, Rolf habe Hunger) steht zwischen den beiden.

Soll ein wahrhaftiger Dialog geführt werden, müsste Iris anders anfangen: „Ich habe vermutet, dass du Hunger hast und habe schon mal gekocht". Oder: „Ich habe gekocht. Hast du Hunger?" Iris muss jetzt damit rechnen, dass Rolf sagt, er habe keinen Hunger. Die Verantwortung liegt bei Iris. Es ist in Ordnung, wenn Rolf keinen Hunger hat.

Sagt Iris jedoch: „Du hast doch auch bestimmt Hunger", was eigentlich eine Aussage ist, die Iris für sich getroffen hat, dann könnte es passieren, dass sich Iris von Rolf zurückgewiesen fühlt, wenn dieser nichts essen möchte. In seinem Inneren entstehen dann vielleicht Gedanken wie „Das hätte er mir doch früher sagen können, bevor ich koche" oder „Rolf liebt mich nicht mehr" oder „Rolf würdigt nicht meine Mühe."

Je klarer du dir darüber bist, was du wirklich willst, desto einfacher wird es, zu unterscheiden, wann du etwas fragen möchtest und wann du eine Aussage machen willst. Wenn du etwas sagen willst und am Ende des Satzes die Stimme nicht senkst, hat sich deine Aussage in eine Frage verwandelt. Und umgekehrt. Das erschwert die Kommunikation.

Angst vor Verbindlichkeit?

Verbindlichkeit ist ein Wert, der in der heutigen Zeit etwas vernachlässigt wird. Das äußert sich u.a. darin, dass sich Menschen miteinander verabreden und einer der beiden nicht pünktlich erscheint, oder dass sich zwei Menschen versprechen, durch schwierige Zeiten miteinander zu gehen, jedoch dieses Versprechen nicht halten. Es gibt auch eine Verbindlichkeit dir selbst gegenüber. Sie hilft dir dabei, für dich selbst zu sorgen und dich auf deinen Weg zur Authentizität zu halten.

Was bedeutet Verbindlichkeit? In meinen Augen bedeutet es, dass du dich darauf verlassen kannst, dass das, was verabredet oder gesagt wurde (auch was du dir selbst gesagt hast), Bestand hat und wie ausgesprochen durchgeführt wird. Es geht hierbei nicht um Erstarrtheit und Dogmen, sondern vielmehr um das Wertschätzen anderer Menschen und dir selbst als fühlende Wesen. Wenn du jemandem etwas versprichst und dieses Versprechen aus welchen Gründen auch immer nicht einhalten kannst oder willst, kann es sein, dass der andere sich hierdurch nicht genügend geachtet fühlt. Vor allem dann, wenn du ihn nicht darüber informierst, dass du verhindert bist und warum. Natürlich fühlst du dich freier, wenn du dich nicht festlegen musst und keine Verpflichtungen eingehst. Es hat allerdings auch Vorteile, sich festzulegen und verbindlich zu sein. Dein Gegenüber kann dich besser erreichen, und du gibst ihm das Gefühl, dass du ihn schätzt. Wenn du dir selbst gegenüber verbindlich bist, lernen dein Körper und deine Seele, dass du auf dich aufpassen kannst. So bekommst du mehr inneren Raum für deinen Prozess und wirst gelassener.

Verbindlichkeit ist wie eine Leitung, durch die Strom fließt. Dieser Strom ist die Lebensenergie und bringt die Glühbirne zum Leuchten. Wenn keine Leitung vorhanden wäre, würde kein Strom fließen, und die Menschen würden nicht leuchten und keine Wärme ausstrahlen. Verbindlichkeit bringt Menschen einander näher und ist einer der Wege zur Authentizität.

Wenn du verbindlich bist, übernimmst du Verantwortung für dich und andere und schaffst Bindung und Kontakt. Verbindlichkeit gibt es, damit Menschen miteinander leben können. Wenn es dir schwer fällt, verbindlich zu sein, weil du es als belastend und einschränkend empfindest, solltest du daran denken, dass du mit Verbindlichkeit im Endeffekt das erreichen kannst, was du dir vielleicht gewünscht hast: Erfüllung durch die Bindung an andere Menschen; innere Sicherheit, da du dich auch auf deine Mitmenschen verlassen kannst; materiellen Verdienst, weil Kunden und Klienten wissen, dass du zuverlässig bist; und nicht zuletzt Anerkennung, weil du wahrhaftig, kraftvoll und aufrecht bist.

Und: Verbindlichkeit ist auch, offen zuzugeben, dass du dich gerade nicht verbindlich festlegen kannst, weil du das Gefühl hast, dich dadurch einzuschränken.

Was hindert dich daran, präsent zu sein?

Für einige klingt es vielleicht verlockend, authentisch zu sein mit all seinen Vor- und Nachteilen. Manche werden merken, dass es leichter ist, authentisch zu sein, als sie zunächst dachten. Auch wenn es dir vielleicht leicht fällt, aus deiner Mitte heraus zu handeln, wirst du sicher früher oder später an deine Grenzen stoßen. In diesem Kapitel möchte ich dir zeigen, wie du in solchen Grenzsituationen das Wissen abrufen kannst, das ich dir in diesem Buch vermittle.

Unser Verstand ist sehr geschickt darin, Strategien zu entwickeln, um Präsenz zu verhindern oder abzuwürgen. Mit Präsenz meine ich, einfach du selbst sein, ohne dich von Glaubenssätzen beeinflussen zu lassen. Das Wort „abwürgen" verwende ich in diesem Zusammenhang, weil ich finde, dass es sehr genau wiedergibt, was der Verstand mit deiner Präsenz macht, wenn er sich einmischt. Wenn du einfach nur du selbst bist, schaltet er sich ein und will Erklärungen und Lösungen für bestimmte Dinge finden, anstatt einfach still zu sein und dich aus deiner Mitte heraus handeln zu lassen. Er ist so konditioniert, dass er Kategorien entwirft, in die er die Dinge einsortiert, die wir innerhalb oder außerhalb unseres Körpers erleben, wenn wir authentisch sind. Dieser Mechanismus ist zwar mit der Zeit unwillkürlich geworden, dennoch beraubt der Verstand auf diese Weise den Körper seiner Aufmerksamkeit und Energie.

Um dir die Kraftverhältnisse des Verstandes und der Mitte im Körper besser vorstellen zu können, denk an eine Massage. Wenn du dich auf einer Liege entspannst und massiert wirst, nimmst du die Massage viel intensiver wahr als wenn du dich selber an der gleichen Stelle mit gleichem Druck und den gleichen Griffen massieren würdest. Sobald du deine eigenen Hände benutzt, richtet sich die meiste Aufmerksamkeit auf die Tätigkeit deiner Hände, ob du willst oder nicht. Diese Nervensignale werden zuerst gespürt und stärkeralsdie, die du an der massierten Stelle spürst.

Genauso verhält es sich mit den Signalen des Verstandes. Sie sind oft stärker als das zarte Signal aus dem inneren Empfinden des Körpers. Es wird übertönt und kann nur noch mit Mühe herausgefiltert werden. Im Klartext bedeutet das: Der Verstand ist der Feind der Stimme aus deiner Mitte.

Außerdem wird der Mensch nicht dazu erzogen, er selbst zu sein. Die Aufgabe der Erziehung ist es, Kinder in die Gesellschaft einzugliedern und ein möglichst reibungsloses Miteinander zwischen

Menschen herbeizuführen. Dazu gibt es gesellschaftliche Regeln und Normen, die auch durchaus einen Sinn haben, bis zu einem gewissen Punkt. Die Normen und Regeln sind sehr wichtig, um das Ego des Kindes im Zaum zu halten. Das Ego des pubertierenden Menschen ist deutlich zu erkennen in extremer Rebellion oder extremer Anpassung. Beide Ausrichtungen des Ego benötigen Grenzen und Struktur. Denn das Ego ist, auch wenn es manchmal nicht so scheinen mag, nicht in der Lage, seine Mitmenschen wahrzunehmen. Durch den Kampf zwischen dem wachsenden Ego und der Eingrenzung von außen rücken Verstand und Ego bereits sehr früh in den Vordergrund der Entwicklung. Beides sind Elemente der Persönlichkeit und wichtig, haben jedoch nichts mit der Wahrhaftigkeit eines Menschen zu tun.

Wenn es einen optimalen Lauf der Dinge gäbe, dann würde das Ego zu einem späteren Zeitpunkt, etwa mit Anfang dreißig, wieder aus dem Mittelpunkt eines menschlichen Lebens verschwinden. Der junge Erwachsene würde dann zu seiner Wahrhaftigkeit und dem Weg seines Herzens zurückfinden. Zwei sich ergänzende Teile der menschlichen Psyche, der Verstand und das Ego, könnten mit der Mitte des Menschen, die seine Wahrhaftigkeit widerspiegelt und allumfassende Liebe in sich beherbergt, nebeneinander existieren. Meistens aber läuft es nicht optimal, da vielleicht gerade etwas anderes für unseren Planeten vorgesehen ist. Außerdem unterstützen die Medien, der Druck in der Arbeitswelt und das politische und gesellschaftliche System die Macht des Egos.

Zum Beispiel gibt es kaum Schulen, auf denen Authentizität und Präsenz gelehrt werden. Stattdessen wurde uns und unseren Kindern Wissen eingetrichtert, von dem sie wahrscheinlich einen großen Teil im späteren Leben nicht mehr brauchen.

So finden die meisten Menschen im Erwachsenenalter nur noch schwer die Verbindung zu ihrem wahren Kern. Sie glauben oft bis an ihr Lebensende, dass sie wirklich sind, was sie über sich denken und glauben. Sie leben die Illusion, die aus ihrem Verstand entsprungen ist und einem Kinofilm oder einem Traum gleicht. Wenn wir auf diese Weise geprägt werden, entsteht in unserem Verstand automatisch ein Glaubenssystem nach dem anderen, das uns von unserer Mitte trennt.

Vielleicht setzen wir uns bis zum Tod nie mit der Präsenz im Körper auseinander. Es kann natürlich sein, dass wir doch irgendwann in Kontakt damit kommen, auf anderem Wege als durch die Erziehung; Wenn wir authentischen Menschen begegnen oder wenn wir etwas darüber lesen. Sicher werden wir uns dann dafür interessieren, aber wir werden nie mit der gleichen Selbstverständlichkeit und Leichtigkeit in unserem Körper präsent sein können wie ein Mensch, der dies schon als Kind gelernt hat.

Um überhaupt präsent in seinem Körper sein zu können, muss der Mensch sich der Existenz seines wahren Kerns, seiner Mitte bewusst sein. Aber viele Menschen kennen ihr wahres Ich gar nicht. Sie wissen nichts über die Dynamik des Lebens und die Gesetze des Universums.

Doch auch wenn dieses Gebiet wissenschaftlich so gut wie unerforscht ist und von vielen als esoterischer Quatsch abgestempelt wird, können wir doch nicht leugnen, Geschöpfe des Universums und seiner Gesetzmäßigkeiten zu sein. Zu diesen Gesetzmäßigkeiten gehört unter anderem jene Kraft der Wahrhaftigkeit, die ich in diesem Buch beschreibe. Sie macht vielen Menschen Angst, bewusst oder unbewusst. Sie schieben die Tatsache, dass sie in einen größeren Zusammenhang eingebunden sind, gerne von sich weg. Gäbe es mehr Gewissheit über dieses Thema, könnte man damit den Verstand befriedigen und beruhigen.

In der Zwischenzeit haben wir die Möglichkeit, unseren Körper zu spüren und in ihm präsent zu sein. Und es existiert die Möglichkeit, sich mit dem Thema der Authentizität auseinanderzusetzen. Das Wissen ist in Büchern wie diesem dokumentiert und wird von spirituellen Lehrern weitergegeben.

Bei der Vermittlung dieses Wissens wird allerdings die intuitive Seite unsere Seele angesprochen. Der Verstand bietet keinen wirklich kraftvollen Zugang zum Thema. Und auch wenn diesen wissenschaftlich nicht bewiesenen Erkenntnissen oft mit Skepsis begegnet wird, steht jedem Menschen der Weg zu seiner Mitte offen. Es geht darum, bewusst den intuitiven Zugang zu benutzen und sich auszuprobieren. Man muss nur Vertrauen haben. Du hast jederzeit die Möglichkeit, liebe Leserin, lieber Leser, zu beginnen, Echtheit, Wahrhaftigkeit und Liebe zu üben und damit zu leben.

Wie kann es dir in Zukunft gut gehen?

Wenn du über einen Konflikt sprichst, der dich quält, welche Informationen braucht dein Gegenüber, um dich zu verstehen? Wie kannst du erreichen, dass es dir in Zukunft besser geht, und du schneller an eine Lösung herangeführt wirst?

Ein Beispiel: Du fühlst dich von einem Freund nicht genug geachtet. Er hat sich bei einem gemeinsamen Diskobesuch mehrfach von dir zu einem Getränk einladen lassen und du wurdest nicht von ihm eingeladen. Stell dir folgende Fragen an dich selbst. Horche in dich hinein.

Wie würdest du in der oben beschriebenen Situation deinem Freund gegenüber ausdrücken, was du fühlst? Hast du das Bedürfnis, deinen Freund anzuklagen, oder willst du einfach darüber sprechen, was in dir vorgeht? Welche Rolle spielt die Anzahl der Getränke, die er nicht bezahlt hat? Ist sie wichtig oder eher unwichtig? Welchen Platz gibst du in dem Gespräch deinen Emotionen und entsprechenden Körper-Sensationen? Machst du Lösungsvorschläge für die Zukunft, oder hackst du nur auf der Vergangenheit herum? Wie kannst du vermeiden, dass deine Forderung den freundschaftlichen Fluss stört? Wie würdest du den Glaubenssatz formulieren, der wiedergibt, was in dir vorgeht? „Die anderen nehmen nur und geben nicht." Oder: „Nie werden meine Bedürfnisse erfüllt."

Vielleicht kommen Glaubenssätze in Situationen wie der eben beschriebenen besonders deutlich zum Vorschein. Vielleicht merkst du, dass du in solchen Situationen der Vergangenheit mehr Aufmerksamkeit schenkst als einer möglichen Lösung des Problems oder der Freundschaft.

Das sind Fallen, in die du tappen kannst. Die Vergangenheit wurde in deinem Gehirn gespeichert, sie ist sozusagen ein Teil von dir geworden. Im Gegensatz dazu ist deine Zukunft noch unbestimmt. Du kannst nicht wissen, was geschieht. Deine Befürchtungen treten vielleicht nicht ein. Und du weißt auch nicht, wie deine Pläne sich realisieren. Die Zukunft birgt Unsicherheit in sich. Die Vergangenheit hat im Vergleich zum möglichen Verlauf der Zukunft eine größere Anziehungskraft für den Verstand, weil sie greifbarer ist. Also beißt du dich in der Vergangenheit fest und willst sie in allen Details von allen Seiten beleuchten. Deshalb kann es passieren, dass die Verbindung zu deinem Gesprächspartner abreißt. Und dann fährt jeder seine Geschütze auf: Erinnerungen, Gründe, Ausreden, Rechtfertigungen, Maßregelungen, Regeln, Konventionen und so weiter und so fort. Diese Geschütze sind Konstruktionen aus der Vergangenheit und sind wie zwei Panzer, die zusammenstoßen und sich bombardieren. Die Gesprächspartner lassen sich in ihrem Handeln nur noch vom Verstand beeinflussen, von ihren Glaubenssätzen und Erinnerungen und handeln nicht mehr aus dem Herzen und ihrer Mitte heraus.

Ein Dialog wie der folgende könnte entstehen: „Du hast mich nicht zurück eingeladen." – „Ich habe kein Geld." – „Du hast nie Geld. Ich muss immer zahlen." – „Stimmt gar nicht."

In einem solchen Moment hat jeder der Gesprächspartner auf seine Weise Recht. Die Umstände eines jeden rechtfertigen das, was er aus seinem Verstand heraus gesagt oder getan hat.

Soll jedoch eine Verbindung zwischen den beiden Gesprächspartnern hergestellt werden, ist es wichtig, dem anderen seine Emotionen und eventuell auch Körper-Empfindungen mitzuteilen, wie Wut oder Enttäuschung, Engegefühle usw., Vorwürfe zuzulassen, und in die Zukunft zu schauen und nach Lösungen zu suchen, um in ähnlichen Situationen die Verbindung zum Gesprächspartner nicht zu verlieren.

Existiert eine Verbindung zwischen dir und deinem Gegenüber, sind Regeln nicht wichtig, und es ist egal, wer Recht hat und wer im Unrecht ist. Denn auch wenn du verletzt, traurig und enttäuscht bist, weißt du genau, warum du den Menschen dir gegenüber magst und warum er dein Freund ist. Dann ist ein Dialog wie dieser möglich:

Du traust dich zu sagen: „Ich habe das Gefühl, du weißt nicht zu würdigen, dass ich dich immer einlade. Das hat mich verletzt." Dein Freund entschuldigt sich: „Tut mir leid. Ich habe nicht genug darauf geachtet." Du willst wissen: „Wie können wir in Zukunft eine bessere Lösung finden?" Dein Freund verspricht: „Ich achte darauf, dass jeder von uns mal zahlt."

Es ist durchaus sinnvoll, einen Vorwurf gegen dein Gegenüber nicht auszusprechen, es könnte nämlich sein, dass der Vorwurf durch einen deiner eigenen Glaubenssätze entstanden ist, im Fall mit der Disko z. B. durch folgenden: „Die anderen nehmen nur von mir, ohne zu geben". Der Glaubenssatz gehört aber zu dir und nicht zu deinem Gegenüber, weshalb du ihm keinen Vorwurf machen kannst für ein Gefühl, das in dir entstanden ist. Mach dir also klar, wie die Realität aussieht, bevor du einen Vorwurf aussprichst.

Früher oder später wirst du von ganz allein erkennen, dass Vorwürfe ein Produkt deines Glaubenssystems sind, und sie einfach aus deinem Sprachgebrauch streichen.

Finde dein Bedürfnis, bevor du sprichst

Deine wahren Worte enthalten meist ein Bedürfnis. Meistens ist es nicht leicht, dieses Bedürfnis auszusprechen. Es ist eine Herausforderung. Um ein Bedürfnis aussprechen zu können, brauchen wir genug Sicherheit, Mut und die Kraft, um mit der Scham, die eventuell in uns aufkommen wird, fertig zu werden. Wir müssen sicher sein, dass es uns nicht das Leben kostet, zu sagen, was wir uns wirklich wünschen. Und wir müssen sicher sein, dass unser Gegenüber uns nicht ablehnt, verlässt oder auslacht, wenn wir aussprechen, was tief in uns ist. Doch wer gibt uns diese Sicherheit? Wer gibt uns Mut und Kraft? Der Lauf des Lebens? Gott?

Auf der Suche nach deinem wahren Bedürfnis schaust du am besten zuerst, wo es herkommt: aus dem Körper, wie Hunger oder Durst, oder eher aus der Seele, wie Zuneigung. Ich gebe dir ein paar Beispiele, wie sich diese unterschiedlichen Bedürfnisse äußern können. Manchmal ist dir vielleicht nicht ganz klar, wieso ein Bedürfnis den einen oder den anderen Ursprung hat, und es kommt dir vielleicht so vor, als wäre es umgekehrt, aber vertraue einfach der folgenden Einteilung. Sie hat sich bereits bewährt.

Körperliche Bedürfnisse (entsprechende Bitte):
   Hunger oder Durst (Ich möchte etwas essen oder trinken.)
   Berührung (Ich wünsche mir, dass wir kuscheln, dass du mich
      anfasst.)
   Sex (Ich möchte mit dir schlafen.)
   Räumliche Distanz (Ich möchte gerne allein sein.)

Seelische Bedürfnisse:
   Struktur, Ordnung und Klarheit (Lass uns Klarheit in dieser An-
      gelegenheit schaffen.)
   Emotionen ausdrücken (Ich bin wütend, traurig, froh oder zu-
      frieden.)
   Aufmerksamkeit (Ich bitte dich, mir zuzuhören.)
   Symbiose (Ich wünsche mir einen Seelenverwandten.)
   Berührung (s. o.)

Wenn diese Bedürfnisse erfüllt sind, fühlst du dich glücklich. Sie
sind authentisch, denn sie kommen aus der Mitte. Sie werden im
Gegensatz zu vielen anderen Bedürfnissen nicht mit dem Ego oder
dem Verstand erzeugt, selbst wenn sie eine Wirkung auf den Verstand
haben, wie z. B. das Bedürfnis nach Klarheit. Es fällt dir vielleicht zunächst schwer, sie zu erkennen, denn sie sind eher leise und schlicht.
Doch dadurch ist es nicht schwer, sie zu erfüllen.

   Ich möchte in diesem Kapitel jedes dieser Grundbedürfnisse kurz
ansprechen sagen, wie sie befriedigt werden können. Du kannst dich
davon anregen lassen oder auch nicht. Wie du möchtest.

Körperliche Bedürfnisse:

Hunger und Durst. Unser Körper braucht Nahrung. Sie liefert die
nötigen Materialien, damit er sich erhalten und seinen Aufgaben
nachgehen kann. Das klingt banal. Wenn du dir klar machst, dass du
ohne den Körper nicht weiterleben kannst, merkst du, wie wichtig es
ist, ihn bei Laune zu halten. Zu wenig zu essen ist genauso schädlich
wie zu viel oder das Falsche. Finde heraus, was dir gut tut und Kraft

gibt. Gut gemeinte Ratschläge von anderen bringen meist nichts. Du weißt am besten, was dein Körper braucht.

Berührung. Durch Berührung werden deine Nervenzellen positiv stimuliert. Du spürst deine körperlichen Grenzen, deine Schutzhülle. Meistens wird das als angenehm empfunden. Schon beim natürlichen Geburtsvorgang berührt die Babyhaut die Haut im Geburtskanal der Mutter und beeinflusst die Wahrnehmung der eigenen körperlichen Grenzen entscheidend. Es fühlt sich meist sicherer in seinem Körper als ein Kind, das mit Kaiserschnitt zur Welt gekommen ist. Wenn du erwachsen bist, kommst du durch Berührung besser in deinem Körper an und kannst seine Empfindungen und Signale besser wahrnehmen. Berührung ist für den Menschen essentiell. Leider ist sie heutzutage out, denn sie macht uns weich und angreifbar. Vielleicht kannst du den Mut aufbringen, mehr Berührungen zu verteilen und zu nehmen. Du wirst erstaunt sein, wie viel besser es dir damit geht.

Sex. Die menschliche Rasse sichert ihre Existenz durch Fortpflanzung. Sex ist eines der Grundbedürfnisse des Menschen, auch wenn einige vielleicht denken, ohne Sex auskommen zu können. Wenn zwei Menschen sich auf diese Weise begegnen, schütten ihre Körper Glückshormone aus, die die Gesundheit fördern. Außerdem kann der Mensch beim Sex endlich mal loslassen, alle Sorgen und Ängste vergessen. Im Moment des Orgasmus wird alles Negative für einen Moment deaktiviert, und der Körper kann sich erholen. Außerdem wird durch Erotik Energie freigesetzt. Du spürst die Lebenslust. Warum sollte man darauf verzichten?

Räumliche Distanz. Wenn du das Gefühl hast, dich von jemandem distanzieren zu müssen, darfst du ruhig sagen, dass du allein sein möchtest. Wenn du diesem Bedürfnis nicht nachgehst, kann es sein, dass du dich wütend oder taub oder einfach nur schlapp fühlst, denn du brauchst diese Zeit und diesen Abstand vielleicht, um dich zu regenerieren und zu sammeln, um zur Ruhe zu kommen und deine Gedanken zu ordnen, um wieder neue Kraft zu schöpfen. Das wirkt wie ein kurzer Schlaf oder eine erfrischende Dusche, die Klarheit und

Wohlgefühl mit sich bringen. Wir brauchen den Rückzug, um uns selbst zurückzuerobern. Es ist für uns genauso wichtig, uns zurückziehen zu können, wie uns mit anderen Menschen zu verbinden.

Seelische Bedürfnisse

Struktur, Ordnung und Klarheit. Göttliche, existentielle Energie ist in ihrer Reinform ungeordnet und braucht, wenn sie sich in der Materie ausdrückt, eine Ordnung, um sich für uns Menschen zeigen zu können. So wie ein Bach in einem Bett fließen muss. Unser Verstand setzt das chaotische Göttliche in eine Sprache oder Form um: Vielleicht liest du gerade ein Buch, in dem der Autor seinen göttlichen Anteil in Worte gefasst hat, die auf Papier gedruckt sind, das du anfassen kannst. Vielleicht hat ein Künstler in deiner Stadt eine göttliche Eingebung gehabt und eine Figur daraus erschaffen, die du sehen und berühren kannst. Das ungeordnete Göttliche ist nicht sichtbar, greifbar, daher bringen wir es in eine Ordnung, in dem wir etwas daraus erschaffen.

Stell dir nun vor, die Buchstaben in deinem Buch wären nicht geordnet. Könntest du verstehen, was der Autor Göttliches von sich gegeben hat? Stell dir vor, die Künstlerfigur wäre gar nicht da, sondern der Künstler hätte im Geiste nur seine Eingebung an diese Stelle gesetzt. Glaubst du, du hättest es im Vorbeiziehen gespürt?

Alles auf dieser Erde braucht eine Struktur. Und da wir auch ein Teil davon sind, kommen wir nicht darum herum, uns eine Ordnung zu erschaffen. Dazu müssen wir planen, Grenzen festsetzen, Gesetze formulieren und so weiter. Je mehr Struktur sich um uns herum bildet, desto sicherer fühlen wir uns und können uns der spirituellen Entwicklung und Bewusstseinserweiterung widmen. Je weniger Struktur sich um uns herum befindet, desto mehr werden wir damit beschäftigt sein, diese zu schaffen. Wann ist es an der Zeit, um Struktur zu bitten? Wann ist es gut, Klarheit zu schaffen?

Wenn du mit dir und deinem Herzen verbunden bist, werden sich diese Fragen von ganz allein beantworten. Sie ausschließlich mit dem Verstand zu klären, ist hart und unlebendig.

Strukturbildung hat auch mit Zeit zu tun. Wenn du zur rechten Zeit für Struktur und Ordnung in deinem Leben sorgst, indem du z. B. zu Hause aufräumst oder dir eine neue Arbeit suchst, dann wirst du damit Erfolg haben und Frieden finden. Wenn du dich weigerst, dem Lauf der Dinge zu folgen, und etwas Neues erschaffen willst, wenn es eigentlich an der Zeit ist, loszulassen, sich von Dingen zu trennen, oder vielleicht auch einfach nur abzuwarten, dann hast du es nicht so leicht. Die Zeit, der Lauf der Dinge wird dir zeigen, wann du Struktur schaffen sollst und wann nicht.

Emotionen ausdrücken. Der Mensch erlebt Emotionen unterschiedlich, je nachdem in welchem Stadium seiner Entwicklung er sich befindet. Wenn du eine Emotion mit Tränen, Worten oder Mimik und Gestik usw. ausdrückst, förderst du deine Verbindung zur Seele und damit deren Befreiung. In manchen Entwicklungsstadien ist es förderlich, Emotionen stark nach außen hin Ausdruck zu verleihen, z. B. in der Pubertät. Später reicht es aus, die Emotion sich innerlich ausbreiten zu lassen und sie auszusprechen, damit sie einen Platz bekommt.

Nachdem deine Emotion einen Platz bekommen hat, fühlst du dich wahrscheinlich befreit. Zunächst war sie möglicherweise heftig spürbar, vielleicht hast du geweint, gezittert oder Enge im Bauch gefühlt. Sobald du einverstanden bist, dass all das da sein darf, dass die Emotion nicht du selbst bist verliert sie ihre Macht. Du fühlst dich befreit.

Es gibt Primäremotionen und Sekundäremotionen. Primäremotionen sind reine, einfache Emotionen, die eine klare Aufgabe haben, wie

Angst: Schutz
Wut: Veränderung
Verliebt sein: Vermehrung
Trauer: Schmerz und Verlust

Folgende Frage hilft dir, in deine Mitte zu finden: „Dient die Emotion, die gerade in mir aufgestiegen ist, ihrem Zweck?" Wenn nicht, ist sie eine Sekundäremotion. Diese entsteht, wenn eine primäre Emotion in der Kindheit nicht zugelassen oder nicht durch die Eltern erfahrbar gemacht wurde, weil diese sie unterdrückt haben. Sekundäremotionen sind Wut, auch Jähzorn, jedoch als Ausdruck von Schmerz oder Ähnlichem; Trauer, auch Verletztheit, beispielsweise als Ausdruck von Veränderungswünschen; Angst, auch Scham, z. B. in Verbindung mit Liebe.

Wie du eine gerade in dir vorhandene Emotion authentisch ausdrückst, habe ich ja bereits angesprochen. Wenn du dich auf dem Weg in deine Mitte befindest, wirst du merken, dass du an den Primäremotionen und ihrem Ursprung nicht vorbeikommst. Du wirst erkennen, dass es nicht die Wut ist, die deinen Schmerz über eine Beleidigung z. B. zum Ausdruck bringt, sondern dass sich die Trauer als die wahre, tiefere Emotion nach einer Verletzung zeigt.

Wenn du in deiner Mitte angekommen bist, werden Emotionen zu Randerscheinungen. Entscheidend ist, was du in deinem Körper fühlst und was du von deinem Gegenüber aufnimmst. So kann es passieren, dass das Verhalten deines Gegenübers eigentlich Wut in dir auslösen müsste, du aber nicht wütend bist, sondern Zuneigung verspürst. Das klingt paradox, weil es sich der Logik des Verstandes entzieht. Dennoch gibt es solche Situationen. Du folgst deiner Körper-Sensation, deinem Instinkt. Je näher du an deine Mitte gelangst, desto stärker tritt dieser Instinkt in den Vordergrund.

Aufmerksamkeit. Die Sucht nach Aufmerksamkeit ist ein Urtrieb. Schon als Baby brauchen wir Aufmerksamkeit, damit unsere Mutter uns nicht vergisst und uns versorgt. Später spielt die Aufmerksamkeit der Mutter für unsere Versorgung eine untergeordnete Rolle. Dennoch bleibt der Wunsch nach Aufmerksamkeit in uns erhalten. Oft ist in Konfliktsituationen die Aufmerksamkeit der Schlüssel zur Lösung des Streits. Versuch doch mal, wenn du mit jemandem aneinander gerätst, ihm einfach das Gefühl zu geben, von dir wahrgenommen und respektiert zu werden, und beobachte, was passiert. Wenn du selbst mal schlechte Laune hast, dann bitte doch deinen Partner oder einen

Freund, dir all seine Aufmerksamkeit zu schenken und zuzuhören, ohne Ratschläge zu geben. Beobachte, wie sich das anfühlt.

Symbiose. Vor unserer Geburt befinden wir uns in einer symbiotischen Verbindung mit der Mutter. Wir haben neun Monate in ihr gelebt und wurden von ihr versorgt. Wir fühlten uns sicher und geborgen. Nach der Geburt ist das Kind abhängig von der Mutter, denn es ist noch nicht fähig, allein zu überleben. Der Verstand erlebt diesen Zustand als Symbiose. Diese psychische Symbiose bleibt in Erinnerung an die nährende Situation mit der Mutter für uns wichtig, auch wenn sie von einem sachlichen Standpunkt aus nicht mehr erforderlich ist. Wenn du dieses Bedürfnis unterdrückst, z. B. durch deine Glaubenssätze, fehlt dir ein wichtiger Teil deiner emotionalen Befriedigung.

Wenn du eins oder mehrere dieser Bedürfnisse als solche benennen kannst, bist du schon fast am Ziel. Im letzten Schritt musst du herausfinden, von wem du dieses Bedürfnis erfüllt haben möchtest. Hier musst du genau in dich hineinhorchen, denn oft irren wir uns. Du glaubst, dein Mann sollte das Bedürfnis erfüllen, und in Wahrheit ist es deine Mutter. Oder: Manchmal wünschen wir uns von unseren Kindern etwas, das eigentlich Aufgabe des Partners ist oder umgekehrt. Die Sehnsucht nach Anerkennung ist eigentlich ein Wunsch, den wir als Kind an die Eltern gerichtet haben. Meist erfüllt ihn uns stattdessen der Partner. Letztendlich muss er aber an die Eltern gerichtet werden. Wenn wir das erkennen, ist der Partner entlastet. Sobald diese Erkenntnis in dir angekommen ist, bekommt auch dein Partner das mit. Die Beziehung gewinnt an Tiefe und Leichtigkeit.

Oft verbringt der Vater mit der Tochter seine ganze Freizeit. Eigentlich ist es aber die Aufgabe der Frau, sein Leben mit ihm zu teilen. Wenn ein Mann das erkennt, kann die Beziehung zu seiner Frau wieder aufleben. Vielleicht ist es der Tochter zunächst nicht recht. Langfristig gesehen ist es jedoch auch besser für ihr eigenes Beziehungsleben.

Ich möchte hier keine strikten Regeln aufzustellen, wann sich wer wie zu verhalten hat. In manchen Situationen (beim Tod eines Partners, des Kindes, der Eltern) kannst du vielleicht nicht so handeln, wie du es dir vorstellst. Es geht wieder nur darum, zu beachten: Wer soll wirklich mein Bedürfnis erfüllen?

Vergiss nicht, dass jeder Mensch grundsätzlich zwar jedes Bedürfnis erfüllen kann, jedoch möglicherweise damit überfordert ist, wenn der Wunsch eigentlich an eine andere Person gerichtet ist. Wenn die Tochter also Sehnsucht nach ihrem Vater hat und diese Sehnsucht auf ihren Mann überträgt, dann fühlt sich dieser Mann möglicherweise zu stark in Anspruch genommen. Ein Junge, der sich noch als Mann nach seiner Mutter sehnt, wird möglicherweise mehr von seiner Frau fordern als einer, dessen Sehnsucht bereits gestillt worden ist. Beziehungen werden dadurch entlastet, gerettet und wieder belebt, indem du erkennst, von wem du was erfüllt haben möchtest.

Es ist nicht immer ganz leicht, Empfindungen und daraus entstehende Bedürfnisse zu äußern. Bemühe dich, unperfekt darin zu sein. Mach ruhig Fehler dabei.

Du solltest immer die Frage im Hinterkopf haben: Welches Wort gibt am ehesten das wieder, was ich fühle? Und dann: Frage einfach statt nach einer Antwort zu suchen.

Hier ein paar Beispiele für Körper-Sensationen: Enge, Weite, Raum, Stiche, Befreiung, Übelkeit, Weichheit, Härte, Verwirrung, Verbundenheit, Unverbundenheit, Wärme

Frage dich auch: Wo spürst du diese Empfindung?

Oft spürt man sie im Hals, in der Brust, im Herzen, in der Magengegend, im Bauch, im Unterbauch, im Bereich zwischen Genital- und Analbereich. Seltener sind Körper-Sensationen im Auge, hinter der Stirn, im Nacken, in den Händen, unter den Fußsohlen.

Zwischen Gedanken und Körper-Empfindungen unterscheiden

Zu Beginn deiner Reise in die Mitte ist es nicht so einfach, zwischen einem wirklichen Bedürfnis und einem erdachten zu unterscheiden. Unser Verstand erzeugt immer wieder Bedürfnisse, die keine sind: das Bedürfnis nach neuer Kleidung, einem größeren Auto, mehr Geld usw. Dahinter könnte sich das Bedürfnis nach Aufmerksamkeit verstecken. Ein andauerndes Bedürfnis nach Süßigkeiten kann darauf hindeuten, dass du dich nach Symbiose sehnst. Beide Formen der Bedürfnisse, die wahre Form und die erdachte, scheinen zunächst sehr ähnlich.

Wie kannst du unterscheiden, ob es sich um ein wahres Bedürfnis handelt, oder um eins, das sich dein Verstand ausgedacht hat? Auch wenn du niemals den Punkt erreichst, an dem du den Unterschied zwischen echten und unechten Bedürfnissen erkennen kannst, macht das nichts. Es ist einfach gut zu wissen, dass es einen Unterschied gibt. Mehr ist nicht nötig, um ein glückliches Leben zuführen. Aber es gibt eine kleine Hilfe: Wenn du Gedanken in Worte fasst, erscheinen sie klarer. Zwar sind Gedanken an sich kompliziert, und daher ist es auch nicht leicht, sie in einfache Worte zu packen, dennoch wird es dir nicht besonders schwer fallen, Gedanken zu formulieren, weil sie von vornherein in bekannten Bildern und Worten entstehen.

Körper-Empfindungen und echte Bedürfnisse hingegen sind schwerer zu fassen. Wir müssen erst Worte finden, die sie treffend beschreiben. Wenn einmal Worte da sind, ist es einfach. Du könntest die oben aufgeführte Liste als Hilfe benutzen und zunächst damit beginnen, zu spüren, an welcher Stelle im Körper du sie spürst. Im Unterschied zu den Gedanken sind Körper-Empfindungen viel lebendiger, selbst die negativen. Eine Körper-Sensation gibt dir Frische, Klarheit, Freiheit und Glück. Hierin unterscheiden sie sich auch von den Emotionen, welche an Gedanken gekoppelt sind. Sie wiederholen sich und erscheinen eher stereotypisch.

In unserer Gesellschaft ist es nicht üblich, seine Empfindungen nach außen zu tragen. Deshalb wagen sich viele Menschen gar nicht erst in diese Welt hinein. Der Verstand hat die Oberhand und wacht über die Menschen. Durch die Betonung des Verstandes ist das Leben der Menschen hier im Westen einseitig und verliert an Qualität. Trotzdem existieren die Körper-Sensationen. Die Menschen greifen nur nicht danach. Ganz im Gegenteil: Sie versuchen, sie zu verdrängen.

Ein Bedürfnis, das aus den Tiefen der Mitte herrührt, unterscheidet sich von einem vom Verstand vorgegaukelten auch dadurch, dass man es wirklich befriedigen kann. Ein vorgegaukeltes Bedürfnis bringt nach seiner Erfüllung wieder ein neues hervor. Wenn du dein größeres Auto hast, willst du auch noch ein Haus und ein Boot und so weiter.

Ein Bedürfnis aus deiner Mitte verändert sich nicht. Wenn du dich nach Symbiose sehnst, dann soll diese nicht erst eine halbe Stunde, dann eine ganze und dann zwei Stunden dauern. Wenn du Hunger hast, ist es nicht erst ein Hunger nach einem Brot, dann nach einem Braten, und später nach einem Drei-Gänge-Menü. Ein wahres Bedürfnis ist bescheiden, weil es gestillt werden kann und weil es sich mit deiner ganzen Persönlichkeit langsam mit verändert und wächst. So sehnst du dich vielleicht eine Zeit lang nach Symbiose, dann nach Selbstfindung, dann eine Weile nach spiritueller Tiefe und so weiter. Das ist keine Steigerung, sondern es sind Bedürfnisse aus verschiedenen Bereichen.

Nimm dir Zeit um deine Bedürfnisse zu erkennen

Der Glaubenssatz des Hasen „Ich muss mich beeilen" blockiert die wesentliche Kraft, die uns befähigt, unsere Bedürfnisse zu erkennen und zu äußern. Das wichtigste Hilfsmittel auf dem Weg zu deiner Wahrhaftigkeit liegt also auf der Hand: Nimm dir Zeit.

Zeit kannst du gewinnen, indem du dein Gegenüber um ein wenig Geduld bittest, bis du herausgefunden hast, was du brauchst. Manchmal hilft auch eine kurze räumliche Trennung, um dich in deinem Körper, in deiner Seele zu sammeln. Dann fällt es leichter, zu erkennen, was du brauchst.

Glaubenssätze haben einen so starken Einfluss auf unser Handeln, dass wir nur durch Bewusstsein damit umgehen können. Wenn du also merkst, dass du dir nicht genug Zeit nimmst, weil ein Glaubenssatz dich drängt, dann sprich es laut aus. „Ich glaube, ich darf mir keine Zeit nehmen, mein Bedürfnis zu finden." Beobachte, was geschieht, wenn dein Gegenüber das hört. Wenn du das Gefühl hast, dass ein Glaubenssystem dir verbietet, Bedürfnisse zu haben, dann sprich auch dies aus: „Ich habe das Gefühl, ich darf keine Bedürfnisse haben." Mal sehen, wie dein Gegenüber reagiert.

Da du keine Maschine bist, sondern ein Lebewesen, ist Zeit ein unverzichtbarer Faktor für dein persönliches Wachstum. Bloß weil unsere Gedanken schnell sind, bedeutet das nicht, dass du auch dein eigenes Wachstum beschleunigen kannst. Pflanzen wachsen in einer bestimmten Zeit heran, blühen zu einer bestimmten Zeit und welken zu einer bestimmten Zeit.

Wenn ein Kind zur Welt kommen will, braucht es neun Monate Entwicklung im Bauch der Mutter und noch einige Zeit danach, bis es allein lebensfähig ist. Und genauso verhält es sich mit unseren Bedürfnissen und der damit untrennbar verbundenen Wahrhaftigkeit.

Ein paar Beispiele zur Veranschaulichung: Ein Kind entsteht aus einer Samenzelle des Vaters und dem Ei der Mutter. Nachdem es geboren wurde, löst es sich nach und nach von der Mutter. Dieser Vorgang der Trennung ist natürlich und wiederholt sich in allem, was lebt: Zellen vermehren sich durch Trennung, Pflanzen und Tiere.

Auch deine Bedürfnisse brauchen eine Art Trennung. Genauso z. B. einen kurzen Moment des Innehaltens, nachdem sie entstehen. Erst dann können sie ausgesprochen werden. Und durch seine Erfüllung stirbt das Bedürfnis. Vielleicht kannst du dir nun ein Bild davon machen, wie wichtig die Zeit ist, um ein Bedürfnis zu erkennen und in seine eigene Mitte zu finden.

Du fragst dich jetzt wahrscheinlich, wie viel Zeit man dafür braucht. Zur Beantwortung dieser Frage ziehe ich weitere Fragen heran: In welcher Zeit reift ein Fötus heran? Wieviel Zeit braucht ein Kind, bis es erwachsen ist? Wieviel Zeit braucht eine Zelle, bis sie sich teilt?

Du brauchst so viel Zeit, wie du brauchst. Es können Millisekunden vergehen oder Jahrzehnte, bis du ein Bedürfnis erkennst. Geduld ist wichtig im Leben.

Wenn du wahrhaftig sein möchtest, brauchst du Sprache. Wenn du dich mitteilen, andere Menschen erreichen, und wahre Verbindungen zu ihnen knüpfen möchtest, könntest du dies zwar auch schaffen, ohne zu sprechen, aber durch die Sprache wird es leichter.

Beim Sprechen benutzt du Wörter. Ist dir schon mal aufgefallen, dass du manche Wörter lieber benutzt als andere? Du brauchst jetzt nicht darüber nachzudenken, welche das sind. Ich werde dir einige Wörter aufzählen, die es wahrscheinlich nicht sind. Wie oft benutzt du z. B. das Wort „Fakultät" oder das Wort „Prämisse"? Kennst du die Bedeutung dieser Wörter? Wie war es mit dem Wort „Authentizität", bevor du dieses Buch gelesen hast? Hast du es jemals gehört oder selber verwendet? Hast du die Wörter „echt" und „unecht" in diesem Zusammenhang jemals benutzt?

Ich will mit diesen Fragen nicht darauf hinaus, dass du sie mit ja oder nein beantwortest. Ich möchte nur, dass du erkennst, dass es Wörter gibt, die nicht zu deinem aktiven Wortschatz gehörten. Vielleicht hast du sie schon mal gehört, aber du hast sie nicht bewusst verwendet. Bei dieser Feststellung möchte ich es im Moment belassen.

Wichtig ist auch, welche Bedeutung wir bestimmten Wörtern zuschreiben. Welche Bedeutung hat das Wort „Energie" für dich? Denkst du dabei eher an Elektrizität oder an Kraft, Power oder an spirituelle Energie?

Woran denkst du zuerst, wenn du das Wort „Herz" hörst? An das Organ oder vielleicht an die zentrale Stelle, das „Herzstück", oder wohlmöglich an die Liebe? Es steht uns frei, jedem Wort, das wir hören, verschiedene Bedeutungen zu geben. Spirituelle Menschen benutzen das Wörter „Herz" und „Energie" anders als Mediziner oder Bauarbeiter.

Menschen kommunizieren auf verschiedenen Ebenen. Es gibt zum Beispiel eine instinktive Ebene, wo wir unbewusst den Duft des Gegenübers wahrnehmen. Dann gibt es eine Ebene, auf der wir spüren, was der andere in seinem Inneren trägt. Diese beiden Ebenen sind für dieses Buch zweitrangig. Sie spielen für Authentizität zwar eine Rolle, sind aber von unserem Bewusstsein nicht beeinflussbar. Wir können sie lediglich erkennen, akzeptieren und offen damit umgehen. Auf diese Weise verhelfen sie uns dazu, den Weg unseres Herzens zu gehen.

Die letzte Ebene, die des Geistes, ist unterteilt in drei Bereiche. Diese Bereiche sollen in diesem Kapitel eine Rolle spielen.Die erste Unterebene beschreibt die bewusste Ebene, in der du zuhörst und eine Aussage verstehst. „Wasser ist nass." Stimmt das? Oder: „Zweimal vier ist acht." Auf der zweiten Unterebene interpretierst du deine eigene Erfahrung in das Gesagte hinein. Das nimmst du wahrscheinlich noch bewusst wahr.

Wenn jemand zu dir sagt „Ich habe Hunger", dann verstehst du, was er meint. Möglicherweise schließt du daraus, dass er möchte, dass du für ihn kochst, dass er kein Geld hat, sich etwas zu essen zu kaufen; dass er lange nichts gegessen hat. Und so weiter. Die Möglichkeiten der Interpretation sind breit gefächert und abhängig von dem Glaubenssystem, das wir in uns tragen und von der dritten Unterebene, der meist unbewussten Ebene der Kommunikation.

Auf dieser Ebene teilst du nonverbal entweder etwas anderes mit als das, was du sagst oder gibst etwas Ergänzendes hinzu. Bei „Ich habe Hunger" schwingt vielleicht unbewusst „Nie sorgst du genug für mich" mit. Diese Worte werden nicht laut ausgesprochen, aber sie werden gehört und dein Gegenüber reagiert wahrscheinlich auch darauf.

Diese Ebene spielt eine zentrale Rolle auf dem Weg in deine Mitte. Hier befindet sich das, was eigentlich ausgesprochen werden will. Entweder das wahrhaftige Bedürfnis oder das Glaubenssystem, das heimlich nach Bestätigung sucht.

Ich möchte nun darauf eingehen, was es bedeutet, im Gespräch diese Ebene zu missachten. Wenn du unbewusst denkst: „Ich bin ein Versager und zu nichts nutze" und zu deinem Gegenüber sagst: „Ich kann Dir helfen", dann wird er dir wahrscheinlich nicht glauben. Denn du vermittelst nicht das, was deine Worte sagen. Im besten Fall lehnt der andere einfach ab. Im schlimmsten Fall nimmt er dein

Angebot aus Höflichkeit an und fühlt sich hinterher, wenn alles schief gegangen ist, in seiner ursprünglichen, nicht erklärbaren, intuitiven Annahme bestätigt. Und höchstwahrscheinlich wird alles schief gehen, denn unbewusst hältst du dich ja für einen Versager.

Diese unbewusste Ebene ist Teil unserer Kommunikation. Sie ist die sogenannte Banane, die wir auf unserem Kopf tragen. Wir selbst nehmen unter Umständen gar nicht wahr, was wir aussenden. Intuitiv jedoch reagiert unser Gesprächspartner darauf, ohne dass er in Worte fassen kann, auf was er reagiert. Und er reagiert darauf, weil es sprichwörtlich eine Banane auf einem Kopf ist, die da nicht hingehört. Ich habe dieses Buch hauptsächlich wegen dieser Banane verfasst, weil ihre Wirkung so stark ist. Der Satz „Lass uns einen Kaffee trinken gehen" enthält vielleicht „Ich habe mich in dich verliebt" oder „... dann muss ich mich nicht allzu tief auf dich einlassen." Das ist die Banane. Das Gegenüber hört: „Lass uns einen Kaffee trinken gehen." und spürt, dass mit dieser Idee etwas nicht ganz stimmt und reagiert vielleicht mit „Nein, möchte ich nicht", weil es sich komisch anfühlt – obwohl Kaffee trinken jetzt gar keine so schlechte Idee wäre.

Es genügt aber schon, dass du weißt, dass es solch eine unbewusste Ebene gibt. Oft merkst du dann ganz von selbst, dass du gerade nicht das gesagt hast, was du eigentlich sagen willst.

Wenn das, was du sagst, zu weit abweicht von dem Unausgesprochenen, das mitschwingt, dann wirkst du unauthentisch. Es scheint, als würdest du lügen. Die Banane auf deinem Kopf wird eben immer gesehen.

Man kann die Menschen grob zwei Gruppen zuordnen: Zu der einen Gruppe gehören die Menschen, die fast immer zu weit abweichen von dem, was unausgesprochen in ihrem Gesagten mitschwingt. In der anderen Gruppe sind die Menschen, bei denen die Differenz sehr gering ist. Alles, was sie sagen, klingt glaubwürdig.

Wer zu welcher Gruppe gehört, entscheidet sich aufgrund der Erfahrungen, die ein Mensch mit Authentizität gemacht hat. Der Mensch, der selten das ausspricht, was unbewusst in ihm ist, musste vielleicht in der Kindheit seinen Eltern gefallen, da er ansonsten befürchtet hat, nicht mehr versorgt zu werden. Also musste der Mensch lernen, alles dafür zu tun, damit dies gesichert war. Bei den Menschen, die ausdrücken, was unbewusst in ihnen ist, war es möglicherweise nicht nötig, zu gefallen, damit man etwas zu essen und Aufmerksamkeit bekam. Ist eine solche Überlebensstrategie heute überhaupt noch wichtig für dich? Oder gibt es andere Möglichkeiten, dein Überleben zu sichern?

Mach es dir leicht, wenn du mit anderen sprichst, und benutze einfach deine eigenen Worte. Denn wenn du mit Worten sprichst, die nicht zu dir gehören, wird man dich sowieso entlarven. Sprich das aus, was in deinem Unbewussten geschrieben steht. Frag dich, bevor du etwas sagen willst, kurz: Was will ich in diesem Moment wirklich sagen? Passen die Wörter, die ich benutze, dazu?

Johannas Partner arbeitet nach Feierabend viel am PC. Sie sagt abends entnervt zu ihm: „Ich gehe ins Bett." Eigentlich will sie sagen: „Gib mir deine Aufmerksamkeit." Eine authentische Lösung, die beide Aussagen mit einbezieht, wäre „Bist du bereit, mir ein wenig deiner Aufmerksamkeit zu schenken? Sonst gehe ich lieber ins Bett."

Stell dir vor, du sprichst über Authentizität, denkst: „Ich traue mich nicht, wahrhaftig zu sein," sagst aber: „Nur durch Authentizität können echte menschliche Bindungen entstehen." Wie glaubwürdig ist das für deinen Gesprächspartner? Und wie glaubwürdig ist im Gegensatz dazu folgende Aussage: „Ich habe zwar noch keinen Mut, immer wahrhaftig zu sein, aber ich weiß, dass es mir hilft, wahre Verbindung zu den Menschen entstehen zu lassen."?

Wenn die Worte, die du wählst, nicht deine eigenen sind, gibst du nicht das wieder, was du bist. Aber du kannst ja dazulernen. Deine Sprache kann sich verändern. Du musst dafür keine neuen Vokabeln lernen. Deine Sprache wird sich mit der Zeit von selbst verändern durch die Erfahrungen, die du machst. Es geht nicht darum, nachzudenken, was du wirklich sagen willst, sondern die Worte in dir lebendig werden zu lassen und sie zu fühlen. Dann spürst du deine wahren Bedürfnisse, dein authentisches Ich - das bist du. Du kannst natürlich nicht von einem Tag auf den anderen in deinem Unbewussten lesen. Du musst es ausprobieren: Die Erfahrung wird dir helfen, immer schneller zu deinen wahren Worten zu finden. Versuch am Anfang, die Wahrheit, die du in deinem Körper spürst, in einfache Worte zu fassen. Du wirst sehen, wie kraftvoll sie wirken und wie tief die Verbindung sein kann, die du zu deinen Mitmenschen aufbaust.

Übernimm Verantwortung und wachse

Wenn ich von einem leichten Leben spreche, kann das auf zwei Weisen gedeutet werden. Wer sagt, er führe ein leichtes Leben, kann ein Mensch sein, der jeglicher Verantwortung aus dem Weg geht. Alles, was er tut, bleibt unverbindlich und oberflächlich, ist ein Produkt seiner Gedanken und hat keine Verbindung zu seinem Körper und zu seiner Intuition.

Ein wirklich leichtes Leben führt man aber ganz anders. Man muss sich nämlich einfach dem Fluss des Lebens anvertrauen. Diese Lebensanschauung basiert auf dem Glauben, dass alles, was geschieht, uns wachsen lässt und vielleicht einen Sinn hat, auch wenn wir ihn möglicherweise nicht immer erkennen.

Verantwortung in Bezug auf die Mitmenschen zu übernehmen bedeutet, sie als Individuen zu sehen und sein zu lassen. Verantwortung zu übernehmen bezieht also die Erkenntnis mit ein, dass jeder von uns, was immer er auch er tut, sagt oder glaubt, einen Grund hat, der ihn leitet. Dieser Grund ist so individuell, dass wir uns, wenn wir Verantwortung für einen Menschen übernehmen möchten, nicht erlauben dürfen, ihn zu beurteilen oder zu bewerten. In Wahrheit wissen wir nicht, ob das Verhalten eines Menschen letztendlich gut oder schlecht für ihn ist. Es mag vielleicht für den einen gut sein und für den anderen schlecht.

Stellen wir uns dazu Folgendes vor: Jemand bricht dein Auto auf und stiehlt dein Radio. Du wirst diese Tat wahrscheinlich als schlecht beurteilen, wie die meisten von uns. Den Grund für den Einbruch kennst du nicht – er ist in dieser Situation auch unwichtig. In dem Moment fühlst du dich als Opfer. Stell dir vor, du erfährst, wer es war. Du zeigst die Person an, und sie kommt ins Gefängnis, weil sie schon öfter straffällig geworden ist. Das Leben dieses Menschen wäre zerstört. Seine Kinder verlieren ihren Vater, seine Frau den geliebten Mann. Gerechte Strafe, magst du vielleicht denken. Ja, vielleicht. Du solltest dir aber darüber im Klaren sein, dass du so selber zum Täter wirst, weil du das Leben des anderen beeinträchtigst. Und vielleicht rettet der Kauf eines neuen Radios und einer neuen Scheibe zwei Unternehmen durch den erhöhten Umsatz in dem Monat. Wer kann das schon sagen?

Der Mensch ist nicht in der Lage, eine Situation in ihrer Ganzheit zu erfassen. Wenn du dich in der Opferrolle befindest, wirst du dir wahrscheinlich keine Gedanken darum machen, dass der Täter auch Opfer war und vielleicht wieder wird. Und darüber, dass du vielleicht auch zum Täter wirst, wenn du demjenigen, der dir etwas Böses getan hast, auch etwas Schlechtes wünschst.

Hier eine Anekdote, die die Thematik schön beschreibt: In einem Dorf in Spanien holten die Frauen täglich mit ihren Tonkrügen Wasser aus dem außerhalb gelegenen Brunnen in das Dorf. Sie mussten einen weiten, staubigen Weg gehen. Als eine Frau sich eines Tages auf dem Rückweg vom Brunnen ins Dorf befand, war sie ganz in Gedanken versunken und stolperte über einen Stein. Der Krug fiel auf den Boden und bekam einen Riss. Das Wasser tropfte nach und nach aus der undichten Stelle, und als sie im Dorf ankam, war der Krug nur noch halbvoll. Die Frau ärgerte sich über sich selbst und glaubte, sie sei zu nichts nütze. In den nächsten Tagen musste die Frau mit ihrem beschädigten Krug das Wasser holen. Bei jedem Schritt verlor sie ein paar Tropfen und ärgerte sich. Eine Woche später wies eine andere Frau sie darauf hin, dass am Wegesrand, wo es sonst trocken und staubig gewesen war, die Blumen blühten, weil dort das Wasser hingetropft war. Wenn das Alte scheidet, verloren geht, kaputt geht, entsteht etwas Neues. Der Weg wird für den Menschen immer unkontrollierbar und neu bleiben.

Verantwortung übernehmen bedeutet, dein Gegenüber zu erkennen und zu achten. Wenn du einem anderen Menschen gegenüberstehst, vergiss nicht, dich zu fragen, wie er wohl seine Kindheit verbracht hat, und wie sich sein Leben wohl bis jetzt gestaltet hat. Wenn du ihn gut kennst, denk daran, was ihm im Leben widerfahren ist, ob er vielleicht etwas Schlimmes erlebt hat, das ihn heute beeinflusst. Frag dich, ob er viel oder wenig Liebe im Leben geschenkt bekommen hat. Wie hat ihn wohl seine Familie geprägt?

Der Verantwortungslose führt ein anderes „leichtes" Leben. Entweder er schwimmt mit der Masse, dann fällt er nicht auf, erzeugt keine Reibung und keinen Widerstand. Oder aber er zieht sich von anderen Menschen zurück und lebt in seiner eigenen Welt, wo er tun und lassen kann, was er will. Im Kontakt mit seinen Mitmenschen ist er oberflächlich und unecht. Er hört ihnen nur mit den Ohren und dem Verstand zu. Er erlebt seine Mitmenschen als schwierig, aussaugend und fordernd. Seine Haltung gegenüber anderen ist wertend und damit auch trennend. Er lebt nach dem Prinzip: „So bin ich nicht, das ist mir fremd, und ich halte es nicht für gut."

Ein verantwortungsvoller Mensch taucht in das Leben ein. Sein Kontakt zu Menschen ist intensiv und echt. Er zeigt sein Inneres in seinem Aussehen und seiner Art, zu kommunizieren. Er kann seine eigenen Bedürfnisse definieren und die seiner Mitmenschen erkennen. Die Verantwortung, die er damit übernimmt, verbindet ihn mit seinen Mitmenschen. Es entsteht ein Kontakt auf der Gefühlsebene (Emotionen und Körper-Empfindungen), und so wird es schwierig, die anderen als schlecht, gut oder wie auch immer einzustufen.

Lass deine Mitmenschen einfach, wie sie sind. Wenn du mit jemandem Zeit verbringst, stellt sich ein bestimmtes Gefühl bei dir ein. Du kannst nun selbst entscheiden, ob es positiv oder negativ für dich ist. Wenn es positiv ist, dann verbring weiterhin Zeit mit der Person. Wenn nicht, brich den Kontakt ab. Es ist deine Entscheidung. Verantwortung übernehmen schließt immer mindestens zwei Personen ein: dich selbst und denjenigen, für den du Verantwortung übernimmst.

Wer übernimmt also mehr Verantwortung? Der, der sich aufopfert für das Wohlergehen der anderen und sich selber dabei vergisst, oder

der, der sich selber sieht und auch nein sagen kann, dafür aber alles, was er tut, als Erfüllung wahrnimmt?

Verantwortung bedeutet, das Gesagte oder Getane vor sich selber vertreten zu können.

Wenn deine Mitmenschen nach dir rufen, du aber spürst, dass du dem Ruf nicht folgen kannst, aus welchem Grund auch immer, ist es besser für dich, du folgst dem Ruf nicht, anstatt dich zu etwas zu zwingen.

Es steht niemandem zu, zu beurteilen, ob bestimmte Lebensumstände, die vielleicht nach außen hin schlimm erscheinen, für manche Menschen nicht vielleicht optimal sind, da sie zu ihrer Entwicklung beitragen. So kann eine gescheiterte Karriere im Büro und ein anschließender Alkoholismus manchmal mehr aus einem Menschen herausholen, als eine konstante Laufbahn. Wie kannst du da im Voraus wissen, was für einen Menschen das Beste ist? Vielleicht muss ein Mensch abstürzen, um auf den Weg zu seiner Mitte gestoßen zu werden. Dann wäre es falsch, diesen Absturz verhindern zu wollen. Was ich damit sagen will: Es ist nicht immer alles so, wie es scheint. Der Mensch ist nicht in der Lage, über Gut und Böse zu urteilen. Deshalb versuche nicht, Menschen zu retten, indem du krampfhaft Verantwortung für sie übernehmen willst. Was du machen kannst, um ihnen zu helfen, ist, ihnen authentisch zu begegnen. Das bringt sie zum Nachdenken. Auch wenn du sicher gelegentlich Ablehnung erfahren musst, so wird durch deine Wahrhaftigkeit in deinen Mitmenschen vielleicht etwas angestoßen. Der Verstand des Menschen tendiert dazu, am Alten festzuhalten. Der Mensch liebt das Erprobte, Bewährte und Sichere. Wahrhaftigkeit liefert keine sicheren Wege oder erprobte Abläufe. Aber sie ist ein unverzichtbarer Bestandteil von Verantwortung. Übernimm Verantwortung für dich und vertraue darauf, dass durch die Wassertropfen, die du am Wegesrand verlierst, Blumen entstehen.

Lerne anzuerkennen, was aus dir heraus von selbst geschieht. Es ist der gleiche Wind, der unsere Atemluft enthält und der unsere Häuser durch einen Orkan zerstören kann. Es ist das gleiche Wasser, das uns trägt und nährt und in dem wir ertrinken. Es ist das gleiche Feuer, das uns wärmt und töten kann.

Dir ist bestimmt schon aufgefallen, dass die Orientierung der meisten Menschen eher nach außen gerichtet ist, als nach innen. Kleidung, Haare, Make-up, ein großes Haus, ein teures Auto, das sind die Dinge, die vielen wichtig sind. Sie wünschen sich Spaß, ein unkompliziertes Leben und flüchten in die Oberflächlichkeit. Aber schließen Wahrhaftigkeit und Tiefgang Spaß aus? Vielleicht hast du schon mal bemerkt, dass in manchen Situationen der Spaß nur Mittel zum Zweck ist, um Schmerzen in der Tiefe zu überdecken und zu kompensieren.

Wenn du mit dir selbst und deinem Gegenüber in Verbindung bist, kannst du ihn in seiner Ganzheit wahrnehmen, und er kann dir nichts mehr vormachen. Wenn Schmerz in ihm sitzt, kannst du das spüren, auch wenn er versucht, es mit Fröhlichkeit oder Albernheit zu überspielen.

Wie kannst du dich in so einer Situation verhalten? Du solltest aus deiner Mitte heraus handeln. Du kannst mitlachen, wenn du dem Schmerz des anderen keinen Raum gewähren willst, wenn du keine Lust hast, dich mit etwas Traurigem auseinander zu setzen. Du kannst aber auch deinem Gegenüber mitteilen, dass du Schmerz spürst, und ihn fragen, ob er vielleicht zu ihm gehört, und ob er darüber sprechen möchte. Dann kannst du einfach beobachten, was geschieht.

In einer solchen Situation ist Tiefgang für beide besser als Oberflächlichkeit. Denn dem anderen wird so gezeigt, dass er wahrgenommen und geachtet wird. Oft wird aber nur Oberflächlichkeit zugelassen und tiefer gehende Worte werden abgewiesen.

Es ist deine Entscheidung, ob du die Oberflächlichkeit gewähren lassen oder versuchen willst, eine echte Verbindung zu deinem Gegenüber herzustellen. Nicht immer ist eine starke Verbindung angebracht. Zum Beispiel ist zwischen Kunden und Verkäufern Oberflächlichkeit durchaus akzeptabel. In Freundschaften jedoch sind Bindungen sehr wichtig, sie bilden die Basis.

Du kannst dir ein paar Fragen stellen, wenn du dich zwischen Oberflächlichkeit und Tiefgang entscheiden musst: Was sagt mein

Gefühl? Ist mir gerade danach, zu der Person eine Bindung herzustellen, oder möchte ich lieber oberflächlich bleiben? Was ist besser für mich? Eine starke Bindung oder eine schwache bzw. gar keine? Und schließlich: Was macht mir gerade mehr Spaß? Tiefgang oder Oberflächlichkeit?

Verstecke dich und zeige dich auch wieder

Sich in der Gesellschaft als Individuum zu zeigen, hat mehrere Nachteile: Du erscheinst verletzbar, weich, der Gesellschaft nicht gewachsen. Du bist angreifbar und wirst möglicherweise kritisiert. Manche Menschen können mit dir nicht umgehen. Vielleicht fühlen sie sich verletzt durch deine Wahrhaftigkeit, denn sie sehen nur sich selbst, als diejenigen, die von dir beobachtet und hinterfragt werden. Dich sehen sie nicht.

Aber natürlich hat es auch Vorteile, ein Individuum zu sein, das aus seiner Mitte heraus handelt: Du bist zufrieden, erfolgreich und glücklich. Das Leben empfindest du als nährend, intensiv und reichhaltig. Viele deiner Mitmenschen gehen eine Verbindung mit dir ein, weil du dich ihnen offen zeigst. Du bist voller Kraft und kannst das durchsetzen, woran du glaubst. Und du strahlst. Von innen heraus. Ohne Make-up. Und dieses Strahlen überträgst du auf deine Mitmenschen.

Der Gegensatz zwischen Vor- und Nachteilen lässt in uns einen Konflikt entstehen, den wir immer wieder austragen müssen. Drei Stimmen in uns kämpfen gegeneinander, obwohl sie untrennbar miteinander verbunden sind.

Der Verstand: Er lässt Angst und Zweifel in dir entstehen und den Wunsch, unsichtbar zu sein.

Die Mitte: Sie wirkt als Medium des Lebens, welches sich durch sie zum Ausdruck bringen kann.

Das Gewissen: Es bildet die Brücke zwischen beiden. Es ist das Gleichgewichtsorgan, mit dem du die Balance findest, wie du in deiner Gesellschaft überleben und dazugehören und gleichzeitig deine innere Kraft leben kannst.

Wahrscheinlich hast du bereits die Erfahrung gemacht, dass an manchen Tagen der Wunsch stark ist, nicht gesehen zu werden. Du fragst dich: Wieso ist alles so kompliziert? An solchen Tagen hat der Verstand die Überhand gewonnen. Er lässt dich an dir selbst zweifeln und erzeugt Angst in dir. An anderen Tagen fühlst du dich kräftig, möchtest dich zeigen, möchtest du selbst sein. An diesen Tagen ist der Verstand weniger aktiv, und der Weg zur Mitte hat sich geöffnet. Der Nebel lichtet sich, und dein wahres Ich lässt sich sehen.

Was ist wohl der bessere Weg, um sich wohl zu fühlen und seine Bedürfnisse befriedigt zu sehen? Wenn du dein wahres Selbst zeigst oder wenn du es hinter einer Maske von Gedanken oder Befürchtungen versteckst?

Die Idealmutter, die dir alle Wünsche von den Augen abliest und bedingungslos erfüllt, gibt es nicht. Aber du hast die Möglichkeit, die Erfüllung deiner Bedürfnisse selbst zu erwirken, sofern du dich traust, sie anzuerkennen und auszusprechen.

Der ständige Wechsel zwischen Zweifel und Angst, der Wahrhaftigkeit und dem Gewissen ist manchmal sehr anstrengend. Es ist vergleichbar mit Muskeltraining an einem Sportgerät. Es fördert Wachstum. An einem Sportgerät stellst du ein bestimmtes Gewicht ein und ziehst an einem Hebel, wobei bestimmte Muskeln angespannt werden. Und während du den Hebel wieder in seine Ursprungsposition gleiten lässt, hältst du die Spannung, bis das Gewicht wieder unten ist.

Du kannst das jetzt mit der Angst, dem Zweifel, dem Gewissen vergleichen. Für den Aufbau der Muskulatur ist es physiologisch wichtig, eine Entspannungsphase zu haben. Der Muskel bildet dann aufgrund der Beanspruchung neue Zellen. Diese Phase ist vergleichbar mit dem Zustand, in dem du dich befindest, wenn dein Geist durch die neue Erfahrung zusätzliche Möglichkeiten des Widerstands bildet und deine Seele nach mehr Herausforderung sucht, um diese Widerstände zu überwinden. So findet durch den Wechsel von Zweifel, schlechtem Gewissen und authentischem Verhalten wieder Wachstum statt. Deine „Seelenmuskulatur" wird durch die Reibung und Anspannung gefordert und wächst. Ebenso wächst der Verstand.

Beides sind Elemente der Evolution. Es ist von ihr vorgesehen, dass die Menschheit auf diese Weise an Intelligenz gewinnt.

Je bewusster du die Reibungen und Widerstände des Alltags wahrnimmst, desto mehr kannst du auf persönlicher und spiritueller Ebene wachsen.

Gesehen zu werden mit all dem, was dich wirklich ausmacht, mit allen Ecken und Kanten, erzeugt Reibung mit deinen Mitmenschen und mit der Gesellschaft und dient deiner Entwicklung. Du gibst deinen Mitmenschen ein großes Geschenk, indem sie durch dich lernen dürfen. Umgekehrt funktioniert es allerdings nicht: Du bist nicht authentisch, nur weil du Reibung mit deinen Mitmenschen provozierst, zum Beispiel durch Streit, oder dich ihnen aufdrängst, indem du laut kreischend durch die Fußgängerzone läufst. Das kann zwar deinem Wachstum dienen, weil du auch daraus Erkenntnisse gewinnen kannst, aber du machst es dir so schwerer als nötig.

Und wenn du einen Fehler machst?

Es gibt keine Fehler. Es ist eine Erfindung des Verstandes, dass etwas falsch sein kann.

Der Einfachheit halber benutze ich die Wörter „Fehler" oder „falsch" dennoch, damit du mich gut verstehen kannst.

Auf dem Weg zu deiner Mitte werden dir viele Fehler unterlaufen. Nimm diese Erfahrungen in deine Schatzkiste auf und sei stolz auf dich, weil du so mutig bist und dir eingestehst, diese Fehler gemacht zu haben. Manchmal gelangst du schneller zum Ziel, wenn du etwas falsch machst, als wenn du immer alles richtig machst. Hier nun eine kleine Auflistung von möglichen Fehlern, die dir auf deinem Weg in deine Mitte begegnen können:

Du lässt dir den Weg zu deiner Mitte vom Verstand versperren: Wie bereits gesagt, ist Authentizität zunächst sehr zerbrechlich. Anfangs ist der Verstand aufgrund seines jahrelangen Trainings sehr offensiv und bestrebt, Authentizität im Keim zu ersticken. Der Keim der Wahrhaftigkeit jedoch ist sehr resistent und kann sich durchaus irgendwann über den Verstand hinwegsetzen, wenn du achtsam genug bist. Das erfordert einfach ein wenig Übung.

Du verurteilst dich selber, wenn du es mal nicht geschafft hast, aus deiner Mitte heraus zu handeln: Niemand kann immer und in allen Situationen authentisch sein. Wenn du diesen Anspruch an dich selbst hast, wirst du leider erfahren müssen, dass er nicht erfüllt werden kann. Verzeih dir, wenn du es mal nicht geschafft hast, dein wahres Gesicht zu zeigen.

Du glaubst, immer authentisch zu sein: Wie schon gesagt, kann man nicht immer authentisch sein, auch wenn man schon sehr geübt darin ist. Deine Glaubenssätze und Bindungen zerren mit Kraft an dir und entfernen dich aus deiner Mitte. So bist du über kurze oder lange Zeit mal nicht authentisch. Auch das ist Teil des Lebens und vollkommen in Ordnung. Gesteh dir einfach zu, mal nicht in Verbindung mit dir selbst zu stehen.

Du verurteilst Menschen, weil sie ihr Leben anders führen als du: Nur weil du Bewusstsein erlangen möchtest oder bereits hast, bilde dir nicht ein, dass du besser bist als andere. Auch Unbewusstheit ist notwendig, damit das Leben auf dieser Erde funktioniert. Wenn du dich doch einmal beim Werten ertappst, verurteile dich nicht selbst. Sei lieber dankbar für die Vielfalt, die das Leben bietet.

Es ist erleichternd, dass auch mal etwas schief gehen darf. Wenn du authentisch bist, machst du niemals Fehler, denn du machst ja authentische Fehler. In deiner Mitte bist du mit der Intelligenz verbunden, die alles Leben im Universum erzeugt hat. Diese Intelligenz ist für uns zum Beispiel als Liebe fühlbar. Wenn die Liebe deine treibende Kraft ist, liegst du immer richtig. Wenn du die Liebe nicht fühlst, bist du nicht in deiner Mitte, sondern wirst vom Verstand gelenkt. Wenn du aus deiner Mitte heraus handeln möchtest, dann fang einfach an, so gut es eben geht. Das, was dir heute gelingt, ist für heute vollkommen und perfekt.

Was du morgen schaffst, entspricht den Möglichkeiten von morgen und so weiter. Es gibt kein bestimmtes Ziel zu erreichen, denn jede Zielvorgabe würde dich von deiner Mitte entfernen. Das, was du jetzt erreichen kannst, ist in diesem Moment genau das Richtige, um damit weiterzugehen.

Wenn du merkst, dass dir etwas nicht so gelingt, wie du es dir vorgestellt hast, dann halte einen Moment inne. Hör einfach auf, mach eine Pause. Atme ein paar Mal tief ein. Dann kannst du weitermachen. Dieses Innehalten ermöglicht dir, alles, was du tust, als Spiel, als Übung und als Erfahrung zu sehen. Außerhalb dieses Spiels geht das Leben weiter. Wenn z. B. das Gespräch mit einem Kollegen nicht gut gelaufen ist, dann darfst du es als verlorene oder als gewonnene Partie sehen. Verlieren bringt dich im Übrigen nicht um, sondern gibt dir die Möglichkeit, zu lernen und zu wachsen. Und gewonnen hast du in jedem Fall – sei es nur indem du eine Erfahrung gemacht hast.

Es ist nicht schwer, authentisch zu sein, und auch nicht, Spaß daran zu haben. Der Versuch bringt schon so viel Tiefe, Freude und Nahrung in unser Leben, dass es dir leicht fallen wird, herauszufinden, auf welche verschiedenen Arten man wahrhaftig werden kann. Hierzu eine kleine Phantasiereise:

Mach es dir bequem. Wenn es dir hilft, schließ die Augen. Such dir in Gedanken einen Ort, an den du eine Schatztruhe stellst.
Aus welchem Material ist sie?
Ist sie groß genug für alle deine Erfahrungen?
Kannst du sie problemlos öffnen und wieder schließen?
Ist sie verziert?
Sorge dafür, dass in dieser Truhe ausreichend Platz für die Dinge ist, die dir nicht gelungen oder die dir unerwartet gut gelungen sind. Leg in Zukunft einfach alles in diese Truhe hinein, das dir nicht gelingt oder besonders gut gelingt. Wenn du später mehr Platz brauchst, kannst du die Truhe durch eine größere ersetzen.
Deine Erlebnisse können dann in der Truhe reifen, und du kannst jederzeit nachsehen, wie weit deine Erfahrungen sich schon miteinander vermischt und sich verwandelt haben. Und du darfst dich jederzeit dieser Erfahrungen oder der daraus resultierenden

Erkenntnisse bedienen, während du deinen ganz normalen Alltag weiterlebst. Es kann sein, dass du eine Erfahrung mehrfach machen und in die Truhe legen musst. Folge deinem Instinkt, er wird dich schon lenken.

Mache die Authentizität zur Herzensangelegenheit

Nimm jede Erfahrung als etwas Positives, von dem du lernen und somit wachsen kannst. Wie schon erwähnt: Fehler gibt es nicht. Sie sind eine Illusion des Verstandes.

Wenn du also glaubst, einen Fehler gemacht zu haben, dann denke einfach daran, dass er dir zur Erweiterung deines Erfahrungsschatzes dient. Auf diese Weise fällt es dir in Zukunft leichter, andere, neue Erfahrungen zu machen. Je fester du mit deinem Herzen, deiner Liebe, deinem göttlichen Funken verbunden bist, desto öfter kannst du dir erlauben, bestimmte Gedanken, Regeln und Einschränkungen fallen zu lassen. Dein Herz, deine Liebe und deine Mitte produzieren keine Gewalt. Sie produzieren keine Hässlichkeit, keine Trennung. Die Mitte produziert Verbindung, Nähe und Mitgefühl. Sie steht in Einklang mit den Mitmenschen und der Natur.

Wenn du dich in der ersten Schicht, der Schicht der Gedanken, befindest, kannst du dieses Kapitel als Hinweisschild benutzen. Dein Verstand speichert sowieso, was du liest, ob du willst oder nicht. Wenn du versuchst, Liebe, Mitgefühl und Nähe mit dem Verstand zu erzeugen, ist dies nur der erste Schritt. Ich bin überzeugt, dass es dir zunächst auch hervorragend gelingen wird. Alles um dich herum wird schön, harmonisch, lieblich sein. Deine Mitmenschen werden aber früher oder später spüren, dass die Liebe, die du ihnen entgegenbringst, im Kern hohl ist. Sie werden merken, dass etwas damit nicht stimmt, auch wenn sie es vielleicht nicht sofort in Worte fassen können.

Ein Geschichte zur Verdeutlichung: Die Kollegen Friedhelm und Sabine konnten sich nicht ausstehen. Doch seit der Umstrukturierung mussten sie zusammen in einem Büro arbeiten. Ihr Chef mochte keinen Streit zwischen den Mitarbeitern und hatte auch schon mehrfach zwischen den Zeilen verlauten lassen, dass er Mitarbeiter, die das Klima stören würden, entlassen würde. Also rissen sich Friedhelm und Sabine zusammen und gingen gezwungenermaßen höflich miteinander um. Doch innerlich spürten sie den ganzen Tag die Abneigung füreinander. Ihre Herzen werden niemals verbunden sein. Die Wahrheit ist nämlich, dass sie sich einfach nicht mögen. Das Unterdrücken dieser Wahrheit zieht die beiden in einen Teufelskreis: Sie mögen sich nicht. Sie sind wütend, wenn sie trotzdem Zeit miteinander verbringen müssen, und alle Versuche der Harmonisierung durch ihren Chef führen nicht zum Erfolg. Was wirklich zwischen ihnen steht, wird nicht ausgedrückt. Es entsteht ein innerlicher Druck, der Friedhelm und Sabine früher oder später krank machen wird. Vielleicht warten beide darauf, dass der andere einen Fehler macht, damit es endlich einen Grund gibt, dem anderen seine Meinung zu sagen oder eine Kündigung zu erwirken.

Auf solche Weise laufen Menschen jahrelang im Kreis. Sie neigen dazu, immer die Kontrolle bewahren zu wollen und entfernen sich so immer weiter von ihrer Mitte. Diese Art und Weise, künstlich Harmonie zu erzeugen, ist eine Art Gewalt. So etwas Widersinniges bringt nur unser Ego-Verstand fertig.

Du merkst, worauf ich hinaus will: Das, was du durch Gedanken beeinflussen musst, ist nicht authentisch. Authentizität bedeutet, dich selbst zu spüren, deinen Körper, deine Bedürfnisse zu spüren, nichts durch Zwang verändern zu wollen, sondern einfach nur zu beobachten. So entsteht Harmonie ganz von selbst. Zwar eine andere, aber eine wahre Harmonie - keine vom Verstand künstlich erzeugte. Diese natürliche Harmonie lässt alles so sein, wie es ist. Sie ist leicht und selbstverständlich. So wie auch ein wahrer Frieden selbstverständlich ist. Er braucht keine Gesetze, Vorschriften, Verbote und Verträge. Er ist einfach da, weil es so sein soll.

So wie eine authentische Harmonie einfach so entsteht, gibt es auch eine authentische Stille. Sie entsteht nicht dadurch, dass die Menschen in einem Raum ihr Reden unterdrücken oder sich kontrollieren. Sie entsteht, weil die Menschen die Kraft spüren, die zwischen ihnen im Raum fließt, und diese durch ihr Schweigen aufnehmen. Es kann auch zu einem authentischen Streit kommen. Er findet seinen Ursprung in einer tiefen Verletzung. Er gibt den Beteiligten Raum, alles das auszudrücken, was sie fühlen. Er ist meist kurz, intensiv und ehrlich.

Alles, was einfach so entsteht, ist wahrhaftig. Es entsteht im Herzen. Warum willst du die Dinge kontrollieren, unterdrücken oder verändern? Sie geschehen von alleine. Aus der Mitte heraus. Und so erreichst du deine Mitmenschen. Jeder, der je einen authentischen Streit geführt hat, hat die Kraft gespürt, die dieser freigesetzt hat. Kein authentischer Streit kann jemals eine Beziehung gefährden. Er schweißt sie zusammen. Jeder, der wahre Harmonie erfahren durfte, entlarvt künstliche sofort. Alles Unechte sieht neben dem Echten wie eine schlechte Kopie aus. Das Echte erreicht, bewegt, verändert, lebt, wächst. Das Unechte ist starr, hart, ja fast tot. Es erreicht nicht.

Es geht nicht darum, eine perfekte Kommunikationsstrategie zu finden, sondern zu zeigen, wie sich Dinge im Laufe der Zeit entwickeln können und mehr oder weniger von allein eine bestimmte Richtung einschlagen. Je öfter du aus deiner Mitte handelst, je mehr du deinen Mitmenschen mit Offenheit begegnest, desto mehr wirst du dich öffnen können und desto tiefer begibst du dich in dieses Abenteuer.

Sobald du versuchst, etwas zu erzwingen, kannst du sicher sein, dass das Ergebnis nur vorgegaukelte Authentizität ist, die dein Verstand produziert hat. Er hat ein täuschend echtes Abbild geschaffen und will dir weismachen, dass das, was du tust, authentisch ist.

Alles, was ganz von selbst entsteht, durch reine Selbstbeobachtung und Beobachtung der anderen, kommt aus der Mitte. Jeder Versuch, es anders haben zu wollen, wird scheitern. Du wirst überrascht sein, was deine Mitte alles hervorzaubert, wenn du einfach nur darauf achtest, was du fühlst. Sobald du bewertest, ob du etwas gut oder schlecht gemacht hast, bist du schon wieder mit Denken beschäftigt. Die Mitte zeigt sich durch die reine Wahrnehmung. Authentisch sein bedeutet nicht, Recht zu haben. Die Mitte ist frei von Interpretation, Analyse, Werturteil und ähnlichen Dingen.

Du wirst merken, wie du jedes Mal, wenn du Menschen begegnest, den Wunsch verspürst, dich in deiner Wahrhaftigkeit zu zeigen. Dein Verstand wird sich sicher hier und da mal einschalten und dir Gründe liefern, warum das nicht geht. Bleib dann einfach in der Beobachterposition. Welcher Grund ist es dieses Mal? Es entsteht mehr Authentizität durch das Wahrnehmen dieses Grundes, der dich daran hindert, das eine oder andere von dir zu zeigen, als wenn du das, was du zeigen möchtest, mit Gewalt hervorholst, um dich deinem Verstand zu widersetzen.

Das mag ein bisschen verwirrend klingen, deshalb versuche ich es zu verdeutlichen: Du stehst an der Kasse im Supermarkt, und der Mensch vor dir riecht stark nach Nikotin und Alkohol. Am liebsten würdest du schnellstens verschwinden. Diese Worte erscheinen als dein authentisches Bedürfnis. Und schon folgt der nächste Gedanke: „Das kann ich doch nicht machen. Damit würde ich zu stark zeigen, dass ich ihn ablehne." Du entscheidest dich, die drei Minuten, die dir noch bleiben, bis du an der Reihe bist, auszuhalten und flacher zu atmen. Du befindest dich in einer Konfliktsituation. Du möchtest gehen und merkst, dass du dich selbst daran hinderst. Was ist authentischer? Gehen oder bleiben und merken, dass du selber verhinderst, dass deine Bedürfnisse erfüllt werden?

Ein anderes Beispiel: Petra möchte Bernd sagen, dass sie sehr verliebt in ihn ist und sich eine Beziehung mit ihm vorstellen kann. Sie befürchtet, dass sie von ihm abgelehnt wird, und dass er sich über sie lustig machen könnte. Sie entscheidet sich, ihm nichts von ihren Gefühlen zu erzählen.

Authentische Wahrnehmung beginnt an dem Punkt, an dem du erkennst, welche Gedanken dich daran hindern, Dinge zu tun, die du eigentlich tun möchtest. Wenn Petra sich also entscheidet, Bernd nichts von ihren Gefühlen zu erzählen, handelt sie aus ihrer Mitte heraus, wenn sie wahrnimmt, dass sie sich schämt und Angst hat, abgelehnt zu werden. Und gleichzeitig (und das scheint paradox), wenn sie Bernd ihre Gefühle und ihre Befürchtungen mitteilt. Es ist also wirklich vollkommen egal, wie du dich entscheidest, solange du nur wahrnimmst, was dahinter steckt.

Authentizität bedeutet, die Ängste und Hemmungen und die Glaubenssätze zu erkennen und nur zu beobachten. Aus deiner Mitte handeln bedeutet nicht, die Angst, sich lächerlich zu machen, zu überwinden, indem du dir sagst: „Mir ist es egal, wie du reagierst, ich komme auch alleine klar." So wird nämlich die Verletzlichkeit, die Offenheit verdeckt durch eine künstlich produzierte, erdachte Stärke.

Sei mutig

Bewusst mutig sein (nicht unbewusst leichtsinnig sein) nährt den Samen der Wahrhaftigkeit in dir und hilft ihm, zu wachsen und sich zu entfalten. Der Mut, der dir hilft, aus deiner Mitte heraus zu handeln, entsteht nicht im Kopf oder im Verstand. Er ist an das Wahrnehmen von bestimmten Empfindungen im Körper gekoppelt. Wenn du also eine Körper-Sensation, eine Kraft in deinem Körper ausmachen kannst, folge ihr. Je besser du deinen Körper kennst, je stärker du mit ihm verbunden bist, je präsenter du in ihm bist, desto besser kann der Mut sich in dir entfalten. Dann bist du zu Dingen fähig, die du dir vorher niemals zugetraut hättest.

Bist du jemals in einer Situation, in der dich jemand bis aufs Äußerste gereizt hat, an einen Punkt gelangt, an dem dein Körper sich gemeldet hat? Vielleicht hat es geprickelt, vielleicht hast du ein Brennen gespürt. Was auch immer es war, irgendwann konntest du es nicht mehr aushalten. Wie hast du dich dann verhalten? Vielleicht hast du ja hinterher nicht schlecht gestaunt über das, was aus dir heraus entstanden ist. Oder warst du schon einmal so verliebt, dass du es kaum mehr aushalten konntest? Möglicherweise kennst du das Erlebnis, vor Liebe fast zu explodieren, so dass du unbedingt etwas tun musst, um die Geliebte/den Geliebten zu erobern.

Auch hier ist es eine körperliche Kraft, die uns ermöglicht, über unseren sogenannten Schatten (unser Glaubenssystem, welches uns suggeriert, dass wir vielleicht zurückgewiesen werden) zu springen.

Wenn du die oben beschriebenen Gefühle kennst, wird es dir nicht so schwer fallen, den Weg zu deinem Mut zu finden. Erinnere dich einfach an Situationen, in denen du ganz von allein mutig warst, in denen dich dein Körper sozusagen zum Mut geführt hat. Angst mag trotzdem da sein: Angst vor Zurückweisung, vor Verantwortung, vor Fehlern. Auch wenn du sie vielleicht nicht immer bewusst wahrnimmst. Angst ist ein konditionierter Reflex. Das bedeutet, dass immer, wenn Mut erforderlich wäre, Angst auftaucht. Das eine gibt es ohne das andere nicht. Die Natur hat es so eingerichtet.

Jedes Mal, wenn es also darum geht, dass wir Mut für etwas brauchen, zum Beispiel für ein neues Projekt, kommt die Angst direkt hinterher oder sogar vorher. Glücklicherweise kann man sich darauf verlassen, dass mit der Angst auch der Mut kommt - aber nur, wenn du nicht in der Angst stecken bleibst. Während du in diesem Moment noch darüber nachdenkst, ob auch du Mut verspürt hast, als du mal Angst hattest, freundet sich dein Unbewusstes bereits mehr und mehr mit diesem Gedanken an. Und je mehr du dich darauf einlässt, desto leichter wird es dir fallen, dich von der Angst nicht mehr überschwemmen zu lassen und sie als Teil eines Prozesses anzuerkennen.

Du kannst es dir einfacher machen, indem du die Angst einfach willkommen heißt. Schenke ihr ein wenig Aufmerksamkeit, wissend, dass der Mut auch gleich auftauchen wird. Er ist der Partner der Angst. Sie reisen zusammen. Lass die Angst als Gast an deinem Tisch Platz nehmen. Beobachte sie, wenn du ihr nicht traust. An welcher Stelle deines Körpers nistet sie sich am liebsten ein? Kannst du sie dort spüren? Und von wo in deinem Körper kommt der Mut? Wenn es einen Ort in deinem Körper gäbe (außer dem Gehirn), welches ihn beherbergen und entsprechend freilassen würde, welcher wäre es?

Es ist also nicht schwer, eine Angst durchzustehen und zu überwinden, denn dein Körper gibt dir Kraft und Sicherheit. Das Adrenalin, das in der Angst-Situation freigesetzt wird, mobilisiert gleichzeitig die Reserven, die du für den Mut brauchst.

Wenn du deinem Chef sagen möchtest, dass du mit der Situation an deinem Arbeitsplatz unzufrieden bist, dann entsteht in dir vielleicht die Angst, an Ansehen zu verlieren oder deinen Arbeitsplatz zu gefährden. Wenn du diese Angst wahrnimmst, beobachtest und zulässt, verliert sie an Macht. Und wenn du dann noch den Ort in deinem Körper findest, wo der Mut sitzt, dann sprichst du es wie von selbst aus: „Ich bin unzufrieden mit …“

Es gibt eine kleine Tücke, die überwunden werden muss: Sobald du deinen Körper wahrnimmst, in deine Mitte gefunden hast, setzt auch der Verstand wieder ein. Er analysiert die Situation und spuckt seine Glaubenssätze aus, um dir weiszumachen, dass du aus diesem oder jenem Grund lieber den Mund halten solltest. Bevor du überhaupt dazu kommst, dein Bedürfnis auszusprechen, fängt der Verstand an zu analysieren, zu zweifeln und so weiter. Der Kopf zersägt sowohl das Bedürfnis als auch den Mut und die Kraft, die in deiner Mitte entstanden sind. Und natürlich hast du die Wahl, dem zu folgen, was der Verstand dir vorgaukelt, oder es einfach sein zu lassen, als natürliche Folge eines organischen Prozesses.

Der Verstand ist wie eine große Werbeveranstaltung für sich selbst. Er schafft es immer wieder, dass du auf ihn reinfällst. Wenn du allerdings einmal erkannt hast, dass er nicht du ist, sondern nur ein perfekt funktionierendes Organ, dann verliert er seine Macht. Das, was die Werbung dir vorgaukelt, kaufst du ihm nach dieser Erkenntnis nicht mehr ab, sondern fühlst, beobachtest und prüfst.

Mit der Zeit wird es immer einfacher für dich werden, aus dem Wechselspiel von Angst und Mut Kraft zu gewinnen. Du wirst lernen, deinen Körper zu spüren und auf ihn zu hören, während sich diese beiden Gegensätze begegnen, die sich gegenseitig aufheben können, sich bedingen und begünstigen. Wenn du diese Erfahrung zulässt, ohne sie beeinflussen oder verändern zu wollen, kannst du Kraft daraus gewinnen und dafür nutzen, Projekte und Ideen durchzusetzen, Kritik zu äußern, Dinge beim richtigen Namen zu nennen.

Immer wieder stoßen wir auf Dinge, die uns Mut und Kraft stehlen. Du kannst lernen, bei allem, was dir im Leben widerfährt, bei jedem, der dir begegnet, zu spüren, ob sich Kraft und Mut in dir vermehren oder vermindern. Ich gebe dir ein paar Fragen an die Hand, die dir helfen, dies herauszufinden: Wenn du die Nachrichten im Fernsehen anschaust, vermehren oder vermindern sich deine Kraft und dein Mut? Und wie ist es beim Gedanken an wirtschaftliche Probleme? Arbeitslosigkeit? Wie geht es dir nach einem Gespräch mit einem Versicherungsvertreter, Arzt oder Menschen in ähnlichen Positionen? Was geschieht, wenn du hörst, dass das Leben heutzutage viel schwerer ist als früher? Und was fühlst du, wenn du gutgemeinte Ratschläge von Freunden bekommst?

Ich muss dir nicht sagen, dass du es nicht nötig hast, dir Kraft rauben zu lassen. Mit der Zeit wirst du ganz von allein achtsamer damit. Während du dieses Buch liest, vollzieht sich in dir bereits eine Veränderung, da dein Verstand gar nicht anders kann, als dabei zu lernen. So kommst du ganz von selbst an den Punkt, an dem ein Teil in dir genau weiß, mit welchen Dingen er sich umgeben muss, damit es dir gut geht.

Die Fallen, in die wir tappen können, die uns Kraft und Mut rauben, sind sehr subtil. Manche Menschen nutzen sie als Mittel zur Manipulation. Du kannst dir sicher vorstellen, dass Menschen mit weniger Mut und Kraft, getrennt von ihrer Mitte, von ihrer Intuition und ihrem gesunden Menschenverstand, leichter zu handhaben und zu beeinflussen sind. Wahrscheinlich erkennst du jetzt selber, wie wichtig es ist, seine eigene Wahrhaftigkeit zu leben.

Glück und Erfüllung findest du nicht erst am Ende eines Weges. Sie sind Geschenke, die bereits am Wegesrand darauf warten, von dir entdeckt zu werden. Eine gute Reise auf dem Weg in deine Mitte und reichhaltige Erkenntnisse wünscht Dir

Oliver Unger

Mein Weg vom diplomatischen Dienstleister-Sein zur Authentizität – ein persönliches Nachwort

Schon als kleines Kind beschäftigte mich die Frage: „Wie wird man glücklich?" Meine Eltern hatten alles, und trotzdem schienen sie nie zufrieden mit ihrem Leben. Genau so war es bei Nachbarn und Freunden, selbst in mir. Bis mir mit Anfang zwanzig die Frage so auf der Seele brannte, dass ich mich auf die Suche nach einer Antwort machte.

Ich arbeitete damals als Friseur, in meinem Traumberuf. Ich liebe den Kontakt zu Menschen, bekam schon bald nach der Ausbildung immer mehr Kunden, und die handwerkliche Arbeit ging mir schnell in Fleisch und Blut über. So konnte ich mich auf den Menschen konzentrieren, der sich unter meinen Händen befand und bekam erste Antworten. Ich begriff, dass wir oft auf das schauen, was NICHT ist, statt auf das, was ist. Jammern ist weit verbreitet. Und so einfach! Ich stieg im Kontakt mit den Kunden voll darauf ein. Sie klagten über die Steuern, die Benzinpreise, die größer werdende Armut und die Ungerechtigkeit des Schicksals. Und – schwupps – machte ich mit, nickte und sagte ja, ohne nachzudenken. Wenn man mich nach meiner Meinung fragte, gab ich eine diplomatische Dienstleister-Antwort. Und brannte langsam aus. Immer stärker wurde das Gefühl, eine Maske zu tragen, nicht ich selbst zu sein. Gleichzeitig wuchs die Angst, ohne diese Maske abgelehnt zu werden.

Eines Tages lernte ich eine spirituelle Frau kennen, Ursel Klein aus Köln. Ich nahm bei ihr Gesangsstunden. Sie hatte einen ganzheitlichen Ansatz und arbeitete nicht einfach nur mit der Stimme. Bei ihr ahnte ich zum ersten Mal, dass es mehr gibt als arbeiten, unzufrieden sein, sich verstellen zu müssen. In ihren Gesangsstunden erfuhr ich – ohne dass ich es damals schon hätte in Worte fassen können – wie eine Stimme klingt, wenn man etwas von sich gibt, das mit dem eigenen tiefen Empfinden übereinstimmt. Diese Stimme, die authentisch wiedergab, was in mir war, löste regelrechte Lawinen in meinem Körper aus. Sie setzte einen Prozess in Gang, der bis heute andauert: in meine Mitte kommen und ich selbst sein.

Ich fing an zu lesen. Zunächst Bücher über Kommunikation, immerhin verbrachte ich den Tag im Gespräch mit Kunden. Meine erste Lektüre basierte auf der Transaktionsanalyse nach Eric Berne, ein umfassender, tiefgehender und leicht verständlicher Ansatz, der verhaltensorientierte Psychologie und tiefenpsychologische Elemente umfasst. Seine Kommunikationsstrukturen sind im Alltag leicht zu erkennen und umzusetzen. Einige Jahre später begann ich eine Ausbildung bei Jürgen Gündel, lehrendes Mitglied der TU Mannheim.

Obwohl ich nun aktiv den Gesprächsverlauf beeinflussen konnte, fühlte ich immer noch, dass ich oft geschwächt statt gestärkt aus einem Gespräch heraus kam.

Zu meinem 21. Geburtstag bekam ich ein Geschenk, das meinem Weg eine ganz neue Richtung gab: eine Aura-Soma-Flasche. Sie enthält Essenzen aus Blüten, Edelsteinen und ätherischen Ölen. Aura-Soma kann bei bestimmten Lebensthemen angewendet werden. Dann lernte ich eine Aura-Soma-Beraterin und Reikimeisterin kennen, Regina Löhr aus Wuppertal. Mir gefiel ihr psychologisch fundierter Umgang mit Klienten, darum meldete ich mich zu einem Reiki-Kurs bei ihr an. An diesem Wochenende fand ich das fehlende Glied in der Kette. Denn Reiki, bekannt als Handauflegen, ist reine, absichtslose Liebe. Reiki ist Präsenz und Halten. Ich begriff, dass das beste Kommunikationsmodell wertlos ist, wenn es nicht mit Liebe gefüllt wird. Ich stieg tiefer in das Thema ein und besuchte neugierig den Aufbaukurs, Reiki Grad 2. Dieser Kurs hielt, was er versprach: Er verband den mentalen Prozess „Sprache und Kommunikation" mit der Liebe, die durch Reiki durch uns hindurchfließt. Ich hatte gefunden, was mir fehlte. Das wollte ich lernen. In den Folgejahren suchte ich mir Therapeuten, gab mir selbst täglich Reiki, beobachtete mich im verbalen Kontakt und analysierte die Kommunikation mit meinen Kunden. Die Beziehung mit meinem Lebensgefährten zerbrach. Wir hatten uns in verschiedene Richtungen entwickelt und trennten uns schließlich. Eine sehr schwierige Zeit folgte. Meine Emotionen fuhren Achterbahn, ich erlebte schmerzvolle Kurzzeit-affären und dachte an Selbstmord.

Und dann geschahen plötzlich mehrere wunderbare Dinge zugleich: Ich verliebte mich neu. Und diesmal war es ganz einfach. Alles lief prima. Außerdem lernte ich durch den neuen Mann neue spirituelle Lehrer kennen. Und ich verdiente Unmengen Geld! Ein neues Abenteuer begann. Damals schloss ich meine Reiki-Ausbildung mit dem Lehrer-Grad ab und lernte das Handwerk des Familien-stellens.

In der Ausbildung zum Familiensteller bei Ramateertha Robert Doetsch am Osho-Uta-Institut in Köln beobachtete ich, dass es in einer Aufstellung immer wieder Situationen gibt, in der es nicht weitergeht. Es offenbart sich keine Lösung, alles stagniert. Bittet man nun einen der Teilnehmer, in einem Satz auszudrücken, was JETZT ist, dann gibt es einen Schub. Die Teilnehmer fühlen sich oft erleichtert, wenn die Wahrheit ausgesprochen wird, selbst wenn sie unangenehm ist oder schockierend. Es kommt wieder Bewegung in die Aufstellung. Manchmal führt diese Bewegung sogar zu einer „Lösung".

Das zeigt deutlich die Wirkung authentischer Kommunikation und der alles einschließenden Liebe: Ein Aufsteller muss mit all seiner Liebe arbeiten, allen Themen und Teilnehmern innerlich zugewandt. Ich lag also mit meiner früheren Vermutung richtig. Der nächste Schritt war, im Alltag umzusetzen, was sich in den Aufstellungen zeigte. Sodass in einer idealen Zukunft keine Aufstellungen mehr nötig sind, weil persönliche Wahrheiten nicht zurück gehalten werden. Mittlerweile bauen meine ganze Arbeit und selbst mein Privatleben auf dieser Einsicht – egal ob ich Haare schneide, therapeutische Sitzungen gebe, eine Familie aufstelle oder im Café sitze.

Die andere bahnbrechende Erkenntnis gewann ich in der Ausbildung zum Reiki-Lehrer bei Bija C. Armitstead: Wenn sich etwas für mich nicht gut anfühlt, darf ich die Situation anhalten. Ich muss nicht blind reagieren oder etwas bis zum bitteren Ende aushalten. Ich darf aufhören, in mich gehen, nachspüren, fragen: „Was will ich wirklich?"

Im Laufe der Zeit entwickelte ich aus diesen Erkenntnissen ein neues Kommunikationsmodell, das ich in diesem Buch vorstelle. Ich nenne es Tief berührt – authentische Kommunikation und setze es als Methode in therapeutischen Sitzungen und Selbsterfahrungsseminaren in meinem Institut ein. Ich arbeitete schon einige Zeit mit diesem Konzept, als ich die Arbeit Bert Hellingers kennenlernte, des umstrittenen Vaters des Familienstellens. Hier erfuhr ich noch einmal, wie tief authentische Kommunikation gehen kann und wie glücklich sie die Menschen langfristig macht. An Hellinger sah ich, wie die alles einschließende Liebe tatsächlich aussieht. Ich lernte, was Demut ist, und ich sah das erste Mal deutlich, wie es sich auswirkt, wenn jemand vollständig mit sich in Kontakt ist. Hellinger beschreibt dieses Phänomen als „leuchten".

Die Arbeit von Dr. Peter A. Levine, der die Traumaheilung durch Somatic Experiencing® entwickelt hat, half mir, mehr auf meine Grenzen zu achten und dadurch mehr inneren Raum für meine Klienten und ihren Prozess zu bekommen. Für Levine ist das körperliche Empfinden des Klienten wichtig, der Wechsel von traumatischem Erleben und einer Ressource. Die Erkenntnisse, die ich durch die Ausbildung in dieser Therapieform (bei Dr. Larry Heller und Dr. Raja Selvam) erhielt, gaben meiner Arbeit neue Impulse. Der körperliche Aspekt von Kommunikation trat mehr in den Vordergrund: Authentische Kommunikation potenziert sich, wenn sie im Körper wahrgenommen wird. Ich kann meinen Klienten heute das Angebot machen, ihre Gefühle zuzulassen, ohne sie zu beurteilen; sie zu spüren und die frische Lebenskraft aufzunehmen, die sie in sich tragen.

Das Feld authentischer Kommunikation ist sehr weit. Es befindet sich in stetigem Wandel. Einem Wandel, der so individuell ist wie deine Geschichte.

Kontaktaufnahme zum Autor über
www.tief-beruehrt.com
oder
www.tiefberührt.de

Olaf Jacobsen

Ich stehe nicht mehr zur Verfügung

Wie Sie sich von belastenden Gefühlen befreien und Beziehungen völlig neu erleben

Wer sich von unangenehmen Gefühlen in Partnerschaft, Familie und Beruf befreien will, findet in diesem Buch die nötigen Erkenntnisse und Techniken. Olaf Jacobsen entwickelte diese einfachen Methoden konsequent aus der freien Familienaufstellung. Mit Hilfe zahlreicher Beispiele aus alltäglichen Lebenssituationen stellt er Möglichkeiten vor, wie wir unsere eigenen Gefühle von denen anderer Menschen deutlich unterscheiden lernen. Zumeist unbewusst übernehmen wir in der Begegnung mit anderen „stellvertretende Rollen" und rutschen in die damit korrespondierenden Gefühle hinein. Wir können uns aber darin schulen, für eine solche Rolle nicht mehr zur Verfügung zu stehen, um damit eine wirklich authentische Kommunikation zu ermöglichen. Legen wir eine Rolle ab, so verschwinden gleichzeitig alle daran gekoppelten seelischen und körperlichen Beschwerden, und wir fühlen uns erleichtert.

Aufgrund einer universellen Verbundenheit beruht unser Leben auf Anziehung und Resonanz. Wir haben in ihr viel öfter die freie Wahl, als wir bisher dachten.

256 Seiten · ISBN 978-3-89385-538-4 · www.windpferd.de

Henning Müller-Burzler

Auf den Spuren der Methusalem-Ernährung

Gesund und allergiefrei
Die Wiederentdeckung der Heil- und Aufbaukräfte der Nahrung

»Auf den Spuren der Methusalem-Ernährung« ist ein unverzichtbarer Ratgeber für jeden, der gesund werden und bleiben möchte: für Eltern und Kinder, für Vegetarier und Rohköstler. Zwei Themenbereiche sind besonders ausführlich beschrieben: 1. die große Bedeutung des Salzes und die Versorgung des Körpers mit allen notwendigen Nährstoffen sowie die heilenden Wirkungen der Trennkost, der Yin-Yang-Energien, des Ayurveda und von richtig angewandter Rohkost; 2. die Entstehung von Allergien und die damit verbundenen Erkrankungen sowie deren dauerhafte Heilung – einzig und allein mit der Nahrung.

584 Seiten mit zahlreichen Illustrationen
ISBN 978-3-89385-437-0 · www.windpferd.de

Lise Bourbeau

Dein Körper weiß alles über Dich

Mit Körperweisheit Wege zu einem kraftvollen Leben finden

In ihrem neuen Buch zeigt die internationale Bestsellerautorin, wie Sie sich selbst besser erkennen: durch das, was Sie sagen, denken, wahrnehmen und fühlen, wie Sie sich kleiden und wo Sie wohnen. Sie werden überrascht sein! Sie werden mit der metaphysischen Bedeutung von typischen Körperhaltungen sowie von mehr als 250 körperlichen und seelischen Erkrankungen vertraut. Und Sie lernen, die darunter liegenden tieferen Ursachen ans Tageslicht zu bringen, sich selbst und Ihre Mitmenschen besser zu verstehen. Dieses Buch macht Mut, neue Schritte im Leben zu gehen!

208 Seiten · ISBN 978-3-89385-536-0 · www.windpferd.de

David Richo

Fünf Dinge

die wir nicht ändern können

...und das Glück das daraus entsteht.

In diesem psychologischen Topseller aus den USA zeigt David Richo uns den „Königsweg" zu wirklicher Zufriedenheit im Leben: das bedingungslose „Ja". Behutsam und konsequent spornt er an, aufzuhören das zu leugnen was wir nicht ändern können, und stattdessen das Unabwendbare zu begrüßen und zu akzeptieren. In einer von menschlicher Wärme und poetischem Fingerspitzengefühl getragenen Weise macht er klar: Wirkliche Zufriedenheit und Erfüllung im Leben sind erst möglich, wenn wir das „bedingungslose Ja" zu allem, was uns begegnet, kultivieren und lernen, unser Leben zu umarmen – völlig unabhängig davon, wie die jeweiligen Umstände gerade sein mögen.

Unbeirrbar und direkt packt der renommierte Therapeut die Kernwahrheiten des Lebens und aller Beziehungen an und teilt mit uns fünf erhellende Einsichten: 1. Alles verändert sich und endet irgendwann. 2. Nicht immer geht alles nach Plan. 3. Das Leben ist manchmal nicht gerecht. 4. Leidvolles gehört dazu. 5. Menschen sind nicht fortwährend liebevoll und loyal.

In diesem wahrhaft erkenntnisreichen und inspirierenden Buch verbindet David Richo westliche Psychologie und die Lehre C.G. Jungs mit buddhistischer Lebenshaltung. Nicht zu kurz kommen Übungsanleitungen aus seinem reichen Erfahrungsschatz als Therapeut.

200 Seiten · ISBN 978-3-89385-556-8 · www.windpferd.de